新时代高等院校思想政治教育研究丛书

师说师语　育人育心

辅导员育人心语助力青年成长

梁茜 ◎主编

華中科技大學出版社
http://www.hustp.com
中国·武汉

内容提要

本书主要选取辅导员们亲身参与的育人故事、工作体会和学习感悟，包括立德·厚植家国情怀篇、修身·崇尚英雄精神篇、求真·锤炼过硬本领篇、暖心·护航成长成才篇、力行·引导矢志奋斗篇共计五大篇。本书主要具有以下特点：一是真实性，来源于身边真实发生的典型案例、工作片段或者学习感悟；二是实践性，注重理论与实践相结合，注重来源于工作中的实际体会；三是思想性，把基本原理变成生动道理，弘扬主旋律，传播正能量；四是感染力，语言朴实，生动感人，注重育人实效。本书既可作为高等院校思想政治教育研修读本，也可供高等院校辅导员、教师和学生学习参考。

图书在版编目(CIP)数据

师说师语　育人育心：辅导员育人心语助力青年成长/梁茜主编. —武汉：华中科技大学出版社，2021.5

(新时代高等院校思想政治教育研究丛书)

ISBN 978-7-5680-7085-0

Ⅰ.①师…　Ⅱ.①梁…　Ⅲ.①高等学校-辅导员-工作-研究　Ⅳ.①G645.1

中国版本图书馆 CIP 数据核字(2021)第 091192 号

师说师语　育人育心——辅导员育人心语助力青年成长　梁茜　主编

Shishuo Shiyu　Yuren Yuxin—Fudaoyuan Yuren Xinyu Zhuli Qingnian Chengzhang

策划编辑：周晓方　张馨芳

责任编辑：苏克超

封面设计：原色设计

责任校对：张汇娟

责任监印：周治超

出版发行：华中科技大学出版社(中国·武汉)　电话：(027)81321913

武汉市东湖新技术开发区华工科技园　邮编：430223

录　排：华中科技大学惠友文印中心

印　刷：湖北恒泰印务有限公司

开　本：710mm×1000mm　1/16

印　张：11　插页：2

字　数：150 千字

版　次：2021 年 5 月第 1 版第 1 次印刷

定　价：58.00 元

华中出版

本书若有印装质量问题，请向出版社营销中心调换

全国免费服务热线：400-6679-118　竭诚为您服务

序　言

党的十八大以来，以习近平同志为核心的党中央把高校思想政治工作摆在突出位置，做出一系列重大决策部署，为高校思想政治工作创新发展提供了根本遵循、指明了行动方向。

华中科技大学高度重视学生思想政治工作，采取有力有效措施，积极主动开展工作，形成了一些好的做法，积累了一些工作经验。为持续推进高校思想政治工作改革创新、提质增效，华中科技大学探索建立“师说师语”育人平台，以学生喜闻乐见的方式，与学生“键对键”“心对心”，引导青年树立正确价值观、厚植家国情怀、培育优良品质、矢志拼搏奋斗。

“师说师语”系列文章，来源于辅导员们亲身参与的育人故事、工作体会和学习感悟，充分彰显育人使命，展现育人理念，阐释工作内涵。文章具有多重特征：一是真实性，来源于身边真实发生的典型案例、工作片段，或者学习感悟；二是实践性，注重理论与实践相结合，注重来源于工作中的实际体会；三是思想性，把基本原理变成生动道理，弘扬主旋律，传播正能量；四是感染力，语言朴实，生动感人，注重育人实效。

高校立身之本在于立德树人。依托“师说师语”育人平台，辅导员们用文字从不同角度为学生成长提供丰富的“精神食粮”，帮助青年学生打下成长成才的基础。“师说师语”系列文章分为五篇。

立德·厚植家国情怀篇。国无德不兴，人无德不立。辅导员担负着培养社会主义建设者和接班人的使命，要引导学生把自己的理想同祖国的前途、把自己的人生同民族的命运紧密联系在一起，扎根人民，奉献国家。在这一部分，通过深度挖掘在实现中华民族伟大复兴征程中的爱国主义教育元素，为学生讲述中国共产党的坚强领导、鲜明的制度优势、人民至上的执政理念，引导青年学子树立“四个自信”、厚植家国情怀，为实现中华民族伟大复兴的中国梦贡献聪明才智。

修身·崇尚英雄精神篇。每个前进的时代都有英雄，每个向上的民族都需要英雄精神的滋养。辅导员要引导青年学生崇尚英雄、学习英雄，传承英雄精神，讲好英雄故事，以实际行动争做平凡英雄。在这一部分，通过挖掘英雄的光辉事迹和优良品质，深入学习他们的大局意识、责任担当、克难奋斗和奉献精神，帮助青年学生树立正确的价值观，把非凡英雄精神体现在平凡工作岗位上，在服务奉献中实现自己的人生价值。

求真·锤炼过硬本领篇。梦想从学习开始，事业靠本领成就。辅导员应努力成为引路人，在帮助学生成长进步和发展规划上给予科学的指导和建议。在这一部分，围绕学生发展的关键问题、共性内容，从学业辅导、心理疏导、就业指导等多个方面，帮助学生做好学业和职业规划，通过个性化指导和精准化帮扶，帮助学生合理安排自己的学业和生活，做好时间管理、发展规划和人生抉择，保障学生健康发展。

暖心·护航成长成才篇。国家的希望在青年，民族的未来在青年。作为学生健康成长的知心朋友，辅导员要带着对青年学生的爱去做工作，在关心人、帮助人中教育人、引导人。在这一部分，辅导员们通过一点一滴影响青年的成长发展，用文字向学生传递暖心、关心、爱心，实施“面对面”交流、“键对键”互动、“心对心”沟通，为学生加油鼓劲、传递暖心关怀，与学生一起并肩携手、砥砺前行、共同发展。

力行·引导矢志奋斗篇。唯奋斗者进，唯奋斗者强，唯奋斗者胜。作为先进思想文化的传播者和中国共产党执政的坚定支持者，辅导员要以矢志奋斗的作风感染青年学生，引导学生不畏艰难险阻、勇担时代使命，成为可堪大用、能担重任的栋梁之材。在这一部分，引导青年学子学会思考、积极实践、勇于探索，传承奋斗精神，不负青春、不负韶华、不负时代，勇于到条件艰苦的基层，到国家建设的一线，到项目攻关的前沿去经受磨炼，在时代发展潮流中贡献力量。

“长风破浪会有时，直挂云帆济沧海。”作为开展大学生思想政治教育的骨干力量，辅导员们主动作为、履职尽责、真抓实干，切实担负起学生日常思想政治教育和管理工作的组织者、实施者和指导者的重任。面对时代召唤和人民期望，希望辅导员队伍始终保持奋斗精神和实干作风，提升素质能力，锤炼过硬本领，将“育人”与“育心”结合，将“引路”与“暖心”协同，守好“责任田”、引好“源头水”、导好“青年行”，在学思践悟中坚定理想信念，在奋发有为中践行初心使命，在民族复兴的伟大征程中谱写时代华章。

华中科技大学党委常委、副校长

梁茜

2020 年 9 月于华中科技大学喻园

目　录

第一篇

立德·厚植家国情怀篇

习近平总书记强调，没有国家繁荣发展，就没有家庭幸福美满。同样，没有千千万万家庭幸福美满，就没有国家繁荣发展。在新时代伟大征程中，中国始终努力推动构建人类命运共同体，始终坚持为人类进步事业而奋斗，在面临重大考验中所展现的大国智慧和大国担当为青年学子带来了鲜活的爱国主义教育课，厚植家国情怀是每一位青年学子应该具备的基本素养。

在这一篇，通过《贯穿历史纵深的"人民至上"思想彰显时代感召力》《担好新时代立德树人的使命与责任》《共同经历、共同收获、共同成长》《在放飞梦想的征程中补短板、强弱项》《坚定理想信念，练就过硬本领，敢于担当作为》《筑起我们的三道防线》《真相的正确打开方式》《青春奋斗，与祖国同行》《构筑携手同行的命运共同体》《党员先上，你还愿意入党吗?》等文章，从不同角度围绕爱国主义教育和理想信念教育撰写文字，帮助青年学生厚植家国情怀。

通过深度挖掘中国在实现中华民族伟大复兴征程中的爱国主义教育元素，为学生讲述中国共产党的坚强领导、鲜明的制度优势、人民至上的执政理念，引导青年学子树立"四个自信"、厚植家国情怀，为实现中华民族伟大复兴的中国梦贡献青春力量。

贯穿历史纵深的“人民至上”思想彰显时代感召力

梁茜[①]

突如其来的新冠肺炎疫情，打破了以往的宁静与祥和，让我们每个人都置身于疫情的斗争之中。习近平总书记强调“始终把人民群众生命安全和身体健康放在第一位”。“人民至上”的思想深度诠释了习近平总书记的执政理念和治国方略，集中体现了中国共产党人以人民为中心的价值追求。在同严重疫情的殊死较量中，中国人民和中华民族的生动实践为青年学生的成长带来了鲜活的教育素材。

一、历史根源与丰富内涵：“人民至上”思想的深厚学理性

“人民至上”根植于博大精深的中华民族优秀传统文化中。“仁者爱人”“民为贵，社稷次之，君为轻”是中国儒家政治哲学的集中表达，也是中国传统思想文化的精华。“人民至上”思想在中国历史上有深厚的历史根源和学理基础，根植于中国人的内心，潜移默化地影响着人们的思维方式和行为方式。

“人民至上”积蕴于中国共产党治国理政的伟大实践中。中国共产党人的初心和使命，就是为中国人民谋幸福，为中华民族谋复兴。这个初心和使命是激励中国共产党人不断前进、不断奋斗、不断拼搏，在探索中华民族的救国之路、推动改革开放的富国之路、实现中华民族伟大复兴的强国之路上，中国共产党人历经沧桑而初心不改，

① 梁茜：男，华中科技大学党委常委、副校长。

饱经风霜而本色依旧。“人民至上”始终是推动中国共产党从弱小逐步发展壮大，在腥风血雨中不断成长，在攻坚克难中不断走向胜利，领导全国人民奋斗的力量源泉。

“人民至上”发展于百年未有之大变局的新时代课题中。当今世界正经历百年未有之大变局，国内发展环境也经历着深刻变化，社会主要矛盾已经转化为人民日益增长的美好生活需要和不平衡不充分的发展之间的矛盾。与此同时，中国积极推动构建人类命运共同体，为实现全世界人民的美好生活贡献中国智慧和中国方案。

二、制度优势与磅礴力量：“人民至上”思想的强大生命力

“人民至上”，彰显中国制度优势。“人民至上”的执政理念是中国特色社会主义制度显著优势的价值源泉。在病毒突袭而至、疫情来势汹汹的关键时刻，为保护人民生命安全，尽快阻断疫情传播，党中央果断关闭离汉离鄂通道，实施史无前例的严格管控，使人民生命安全得到最大保障，经济社会秩序受到最小冲击。“人民至上”的理念转化为实际行动，也得到了人民的拥护、支持和认同。全国上下一盘棋的应对战略、群防群治的防控举措、前所未有的大规模隔离措施助力夺取全国抗疫斗争重大战略成果。

“人民至上”，筑牢民生发展根基。民生是人民幸福之基、社会和谐之本。增进民生福祉、促进人的全面发展是我们党立党为公、执政为民的本质要求。面对新冠肺炎疫情，我国统筹疫情防控和经济社会发展，坚持依法、科学、精准防控策略，推动分区、分级落实精准复工复产，管好民众的“菜篮子”“米袋子”，最大限度地保障人民生产生活。一系列宏观政策的实行推动复工复产，扎实“六稳”、落实“六保”，新业态持续发展，交通运输、餐饮商超、文化旅游等各行各业有序恢复，我国成为疫情发生以来第一个恢复增长的主要经济体。经济社会的持续发展为保障民生提供了坚实基础。

"人民至上",凝聚民心相通合力。人民群众是实现中华民族伟大复兴的力量之源。中华民族同舟共济、守望相助的文化底色,中国人民深厚的家国天下情怀,汇聚成抗击疫情的强大合力。全体中国人民自觉投入抗击疫情的人民战争,或白衣执甲、逆行出征,或辗转奔波、募集物资,或不辞辛苦、日夜值守,或不惧风雨、敬业坚守……中国人民同呼吸、共命运,绘就了团结就是力量的时代画卷!

三、科学治理与时代使命:"人民至上"思想的鲜明时代感

以维护人民健康安全为目标,推进国家治理体系现代化。为什么人的问题,是检验一个政党、一个政权性质的试金石。国家治理体系和治理能力的现代化是支撑人民生命安全的根本保障和重要基础。面对突如其来的疫情,我们党团结带领中国人民进行了一场惊心动魄的疫情防控阻击战,取得抗击新冠肺炎疫情重大战略成果,体现出我国社会主义制度和国家治理体系的显著优势。推进国家治理体系和治理能力现代化,要树立"全周期管理"意识,更好地发挥制度优势,把制度优势转化为管理经济社会事务的效能,把以人民为中心融入治理体系设计和执行的各个层面、各个环节,不断丰富完善治理体系、努力提高治理能力。

以实现人民幸福生活为目标,推进重大民生战略发展。经济基础是民生之根本,我国在脱贫攻坚领域取得巨大成就。这些成就的取得,凝聚了全党全国各族人民的智慧和心血。华中科技大学师生充分发挥人才智力与科技创新优势,在脱贫攻坚中担当了应尽的责任。如今,要持续巩固提升脱贫攻坚成果,与乡村振兴有机衔接,纳入实施乡村振兴战略统筹规划,以促进全体人民的共同富裕,让社会发展成果惠及更多群众,让人民生活更加幸福美满。实施乡村振兴战略,推进乡村全面振兴,抓重点、补短板、强弱项,推动农业全面升级、农村全面进步、农民全面发展。

以促进人类长远发展为目标，推进构建“人类卫生健康共同体”。新冠肺炎疫情席卷全球，世界各国当携手抗疫、共克时艰。维护人民的生命健康权无关国界、无关种族，应成为全球各国共同追求的发展目标。这场疫情给全球各国一次深刻警示，也是大自然给人类的一次深刻警示，在这个背景下，全面推进构建“人类卫生健康共同体”具有不可忽视的重要意义和时代价值。构建“人类卫生健康共同体”应成为全球共识，应得到全球各国的高度支持。命运与共、行胜于言，充分尊重世界各国人民的平等生命权、卫生权和健康权，保障全球人民的健康发展理应成为全球各国的共识，也必然是构建人类命运共同体的重要议题。

青春由磨砺而出彩，人生因奋斗而升华。我们即将踏上实现第二个百年奋斗目标的新征程。伟大的梦想引领我们奋勇向前，伟大的实践呼唤我们奋发有为。广大青年要坚定不移贯彻以习近平同志为核心的党中央决策部署，始终扬起理想主义的风帆，立起家国情怀的桅杆，坚持人民至上，站稳人民立场，磨砺意志品质，练就过硬本领，让青春在为祖国、为人民而奋斗中焕发出更加绚丽的光彩。

担好新时代立德树人的使命与责任

刘雅然[①]

应对新时代的机遇与挑战，作为高校人才培养工作重要阵地的思想政治教育战线，承担着立德树人的重任。在应对挑战的同时要主动把握机遇，挖掘思政育人元素、创新思政教育方法、培育思政工作队伍，全方位提升思政工作能力，守牢思政教育主阵地，主动担当新时代立德树人的使命与责任。

一、找准目标，深度发掘内涵丰富的思政元素

讲好抗疫故事，诠释深刻内涵。深度挖掘各类思政元素，将家国情怀、法纪意识、生命教育深度融入思政教育。这场疫情大考同时也是一次典型的爱国主义教育课，在这场战疫中，我们看到以习近平同志为核心的党中央坚持人民至上、生命至上的抗疫理念，激发千万中华儿女的家国情怀。这场疫情大考也是一堂生命教育课，坚持生命至上，生命因独特而弥足珍贵，要让学生学会尊重自然、敬畏生命，还要保持对自我的审视与对生命的思考；让学生致敬英雄与崇尚英雄，更应该让学生牢记使命和铭记职责，让每个个体的生命变得更加有意义。

学习抗疫英雄，彰显人格魅力。在抗疫中激发蓬勃的中国力量、中国精神、中国效率，不断渲染青年的家国情怀，引导青年的审美价值从娱乐界向科技界、医学界、教育界、实体经济行业转变。在抗疫过程中，钟南山、张伯礼等一批抗疫科学家逆行出征、担当有为，充分

① 刘雅然：女，华中科技大学党委学生工作部副部长。

展现出科学家的人格魅力，他们用行动诠释担当精神、勇于奉献精神。疫情防控离不开广大医护工作者的无私奉献、坚持坚守，在疫情最严重的时候，他们毅然坚持逆向而行、主动担当，为抗击疫情贡献最强有力的支撑力量，他们用汗水换来希望和信心。一批批志愿者走上抗疫一线，为抗击疫情提供强有力的力量支撑，他们是抗击疫情战线上的"平民英雄"。其中"90后""00后"青年学子更是志愿者中的主要力量，部分优秀学子的抗疫故事在学生中产生了广泛的影响力，影响更多的学生积极奉献、担当作为。

领悟抗疫精神，凝聚复兴伟力。中国人民以敢于斗争、敢于胜利的大无畏气概，铸就了生命至上、举国同心、舍生忘死、尊重科学、命运与共的伟大抗疫精神。武汉这座有1000多万人口的城市被"封城"，湖北省实施最严密的管控措施，这在人类历史上绝无仅有。更重要的是14亿人都行动起来，主动"宅"在家里，贡献自己的绵薄之力，充分展现了中国人民的大局意识和家国情怀。"沧海横流，方显英雄本色"，无数党员冲锋在前，无数公安干警勇挑重担，无数村镇干部坚守一线，无数志愿者不惧风雨，每一个人的努力，汇聚成最广泛的人民抗疫力量，正是这磅礴的抗疫力量，为这场疫情防控战役赢得胜利的基础。

二、把握规律，持续打造形式多样的思政载体

在网络渲染中塑造品德，推进网络思政。充分运用网络思政渠道，把网络作为育人的主阵地，让学生在网络文化的渲染中塑造品德。在学校思政工作中，充分利用"HUST学工在线"平台，打造网络宣传主阵地。特别是在疫情防控学生居家学习期间，开辟《让党旗在战"疫"中飘扬》专栏，宣传疫情期间学生党员典型事迹、学生党支部组织生活开展情况；开设《"疫"起说》栏目，介绍辅导员直播、师生茶座活动；开设《"疫"起学》栏目，介绍学风建设类活动；开设《"疫"起走过的日子》栏目，介绍疫情期间院系的典型工作经验；开设《战疫思政

课》栏目，介绍辅导员参加“共抗疫情，爱国力行”线上思政课情况。

在实践劳动中锤炼品质，加强实践育人。疫情发生以来，各地居家学生在做好安全防护的前提下，积极报名参与志愿服务，在抗疫一线贡献青春力量。第一，在实践劳动中贡献力量。人民解放军、医务工作者等奋战在抗疫一线的工作人员是和平年代的英雄，而我们的青年学生，穿上防护服、红马甲，戴上红袖章，争做青年榜样。第二，在实践劳动中提升本领。充分利用好学生居家隔离的环境，引导学生参与家庭劳动、志愿服务等工作，鼓励学生在抗疫一线参与志愿服务，在实践劳动中提升综合素质。第三，在实践劳动中锤炼品质。在劳动中磨砺意志和品行，深入推进实践思政工作，把握抗疫一线的育人主阵地，让学生在实践中、劳动中锤炼优良品质。

在文化熏陶中培育品位，营造环境氛围。疫情发生以来，面对疫情带来的健康、经济、心理等方面的压力，要善于有效化解、及时引导、科学防范，促进以文化人、以文育人。在网络课堂上，讲好中国文化故事，将文化元素有效融入思想政治教育教学环节，实现文化素质教育与思想政治教育的有机统一。充分发挥文化育人的力量，将文化知识有效转化为育人元素，不断提升文化育人功能，将文化力量转化为抗击疫情的有效力量。

三、顺势而为，着力锤炼本领过硬的思政队伍

培育暖心关怀素养，做学生健康的知心人。在疫情防控期间，学生居家隔离，开展在线学习，面临众多困难和问题，辅导员要坚持与学生“键对键”“面对面”，解决各类问题。精准掌握学生的经济状况，为家庭经济困难学生及时提供切实、暖心的帮扶，确保学生基本生活稳定和学习需求不断供。实施生活物资保障、防护物资保障、健康防护保障，及时为留校学生发放防护用品，“一对一”提醒预防措施，督促其做好自我防护。帮助居家学生解决学习、生活困难，辅导员主动担任“快递员”“搬运工”，帮助学生寄送学习资料、生活物资等，解决

学生实际困难。

提升精准思政能力，做学生发展的热心人。用精准思政的工作理念和方法，对学生开展精准化、科学化、系统化指导，帮助学生有效化解成长中的各种困难和问题。精准掌握动态信息，及时掌握学生成长过程中的学业状况、心理状况、身体状况、家庭状况等，做到提前预知、前置预警。精准开展发展指导，高度重视疫情防控过程中的思想引导、心理疏导、学习向导、生活辅导、行为督导、就业指导，做到指导帮扶“不断线”。精准实施困难帮扶，及时发现学生所面临的各种问题、困难和压力，对情绪、心理波动较大的学生，采取精准帮扶措施，进行及时化解、有效指导、合理引导，化解危机和困难。

锤炼职业专业水平，做学生成才的引路人。在疫情防控的同时，我们应该积极关注学生成长发展，促进学生健康成长，做好学生成长的“引路者”。帮助学生做好学业规划，指导学生解决学业发展中的各类问题，做好时间管理、学习方法指导、学习技巧提升等，有效促进学业成功。帮助学生做好职业规划，及时传递求职信息，开展生涯指导，鼓励就业创业，帮助学生做好职业生涯规划，在疫情防控的同时，保障发展稳定。帮助学生做好人生规划，面对疫情大考，要鼓励学生树立抗疫信心、坚持科学抗疫，要做好人生发展规划，为未来发展做好知识储备、能力积累。

共同经历、共同收获、共同成长

谢倩[①]

2020年1月23日，当全国人民都沉浸在农历新年即将到来的喜悦中时，一座有着1000多万人口、素有“九省通衢”之称的城市——武汉，却不得不因为肆虐的新冠肺炎疫情而毅然关闭离汉通道。那一刻，没有人能预见这场没有硝烟的战斗结果如何，但每个人都感受到了这场战斗的严峻考验。在疫情防控取得阶段性胜利的这一刻，当我们回首这场战斗，无论曾以怎样的姿态经历这场疫情，相信每个人都会有一段难以忘却的记忆、一份独属于自己的收获与成长。而在武汉，在疫情中心的我，自然也不例外。我也有一些故事、一些感受、一些成长，与同学们分享。

一、武汉，再次教会我们坚守与感恩

2020年4月8日凌晨，当江汉关代表新年到来的钟声再一次响起，我想每一个武汉人心中都有一股难以平复的激动之情。昔日里，从未发现武汉这座城市如此之美。在两江夜景的映衬中，按下“暂停键”76天的江城，终于在所有人的共同努力下，按下了“启动键”。“热干面”回来了，江城的烟火气回来了，“不服周”（指不服气、不甘心）的武汉人又一次收获了磨难给予的礼物。

钟南山院士曾含泪说：“一个劲头上来了，很多东西都能解决。全国帮忙，武汉是能够过关的。武汉本来就是一座英雄的城市。”作为一名土生土长的武汉人，我想这个“劲头”大概是指武汉人“不信

① 谢倩：女，华中科技大学水电与数字化工程学院党委副书记。

邪”的倔强与顽强。“不信邪”,曾让武汉人战胜过1998年的特大洪水。所以,当前所未有的磨难再一次袭来时,武汉人也没有被吓倒、没有被压垮。

当然,也从来没有一座城市生来就是英雄的城市,英雄的城市历来都是被英雄的人民塑造和守护着的。当疫情笼罩江城,当熟悉的街道变得冷清,英雄的武汉人民毅然决然选择顾全大局,主动留守在家,爱热闹的武汉人头一次过了一个“静悄悄”的春节。在这些“无声”的日子里,一些武汉人努力将生活过得多姿多彩,他们在厨房、在阳台、在生活的角角落落中,去创造抵御磨难的快乐。而一些武汉人,努力给更多人带去阳光与希望,他们在医院、在社区、在你看得见和看不见的地方,筑起迎击磨难的“血肉长城”。这当中,不乏那些曾被保护着、曾被认为还是孩子的你们,你们这些“90后”“95后”“00后”。你们已然长大,你们用力所能及的方式去坚守,用发自肺腑的行为去感恩。每一次与疫情的对抗,每一次与生命的赛跑,最终都将化作你们成长中最好的礼物。

二、中国,再次教会我们的是团结与互助

一个民族的发展,少不了遭遇灾难,承受考验。《左传·昭公四年》言:“邻国之难,不可虞也。或多难以固其国,启其疆土;或无难以丧其国,失其守宇。”中华民族曾万众一心抗击“非典”、众志成城迎战雪灾、八方支援救助汶川,每一次始料未及的灾难,中华民族都精诚团结、同舟共济,用智慧、信心和勇气获取最终的胜利。而这一次,自然也不会例外。如果说,武汉人民塑造了一座英雄的城市,那么英雄的中国必定来源于全体中国人民在磨难面前的守望相助。武汉关闭离汉通道同时开启了全国的援汉通道。这一次,时代给予中国的考题不仅是疾病,更是一场对国家政治体制的考验。

疫情期间,党和政府先后派遣全国346支医疗援助队4.26万医护人员前往湖北进行支援;调集一切资源,用10天建立了火神山医

院和用12天建立了雷神山医院；在全国范围内协调捐赠医疗物资和生活物资；海内外同胞自发自愿捐款捐物，齐心抗疫……寥寥数语，体现的不仅是全世界中国人民对抗疫情的一致决心，更是社会主义制度集中力量办大事的优越性。面对磨难，中国从未害怕过。中华民族自信能战胜每一次灾难，这份自信来源于中华民族上下五千年的历史文明，来源于每一届党和国家领导人带领全国各族人民不懈努力与奋斗，来源于每一名中国青年在时代浪潮中找准自我定位，牺牲小我、成全大我。习近平总书记说：中国人民在疫情防控中展现的中国力量、中国精神、中国效率，展现的负责任大国形象，得到国际社会高度赞誉。这是一个蓬勃发展的国家、一个正在实现伟大复兴的民族面对磨难交出的答卷。这也是每一个中国青年在既往，更是在未来，团结奋斗、守望相助，携手并进、身体力行地实现着“青年一代有理想、有本领、有担当，国家就有前途，民族就有希望”。

三、全世界，再次教会我们的是信任与融合

回溯历史，灾难面前没有一个国家、一个民族是孤岛。从疟疾、天花、鼠疫、霍乱，到艾滋病、“非典”、禽流感、登革热、埃博拉，都绝不是哪一个人、哪一个国家的事。人类文明史就是全人类与疾病不断抗争的历史。面对病毒席卷全球的每一波冲击、获取全世界携手抗击病毒的每一阶段的胜利，都充分说明新冠病毒在全球范围内的肆虐，不仅是给中国的一场大考，更是给全世界、全人类的一场大考。

疫情发生以来，中国一直秉持人类命运共同体理念，及时向世界分享相关信息和经验，充分尊重和支持世界卫生组织的工作，通过提供国际援助等方式支持出现疫情的国家抗击疫情。在全球疫情蔓延的今天，“中国模式”已经成为世界各国借鉴和效仿的标杆。与此同时，中国在世界大家庭中积极呼吁构建人类命运共同体。外交部发言人华春莹、赵立坚等多次在新闻发布会上要求立即停止对中国的污名化。人类共同的敌人是病毒，中国携手抗疫的号召得到了国际

社会的支持与认可。

一场突如其来的疫情，以猝不及防的方式给全世界上了一堂课。病毒在全球范围内广泛且快速地传播，让全世界人民都不得不再一次意识到，随着世界多极化、文化多样化等全球化的发展趋势，人类社会日趋成为“你中有我，我中有你”的命运共同体。合作开放、互利共赢的全球意识得到重视，是这一次磨难带给全人类的礼物。这也再一次惊醒中国青年，不仅要为中华民族而努力，更要登上国际舞台为构建人类命运共同体而不懈奋斗。

同学们，不知道你们是否认同，在每一个人成长的道路上，我们所遭遇的挫折与失败，何尝不是一份礼物呢？战胜挫折与失败的过程，磨砺我们的心智，完善我们的人格。在国家日益繁荣富强的道路上，祖国所遭受的质疑与挑战，何尝不是一份礼物呢？在回应质疑、接受挑战的过程中，强大我们的实力，完善我们的体制。在构建人类命运共同体的道路上，每一次世界各国人民携手应对灾难，都是时代的考验，都是最好的礼物。

但丁在《神曲》中写道：“冲破黑暗夜，重见满天星。”我们经历过或正在经历的挫折与失败、质疑与挑战、灾难与考验，总有一天会过去。历史的车轮不可停歇地向前，打上时代烙印的青年们更需马不停蹄地赶上中国发展的脚步，投身于推动人类进步的事业中。这是你们这一代人不可逃避的责任，更是被时代眷顾的荣幸。

多难中，需要青年尽己所能，方能兴邦。面对百年未有之大变局，面对千载难逢的历史机遇，中国青年更应去祖国最需要的地方建功立业，更应去世界舞台上崭露锋芒。

“凤凰涅槃，浴火重生”，愿你我都能将磨难装入行囊，整装再出发。

在放飞梦想的征程中补短板、强弱项

陈卓[①]

随着国家、社会的不断进步，人民日益增长的美好生活需要对国家现代化治理体系提出了新的要求。“加快补齐治理体系的短板和弱项”不再仅仅是要求问题得到解决，还对解决问题的方式、途径、成效等提出了更高的要求。在解决问题的基本前提下，还要把问题解决好，让人民满意。这就对同学们的全面成长成才提出了要求，也指明了方向：既要有过硬的专业综合能力，达到国家治理能力要求，还要有较高的综合素质，具备全局意识、大局观，在重大事件、节点要能够站得住、把得稳，能够时刻抓住问题核心与关键，解决突出问题，能够经受住历史和人民的检验。

一、不断加强专业综合能力以更好地达到社会实际需求

随着社会的发展，服务于治理体系不再仅仅局限于进入行政事业单位从事相应工作，各行各业都在治理体系中发挥着不可替代的作用。人民日益增长的美好生活需要对当前治理体系所能提供和保障的吃、穿、住、行、健康、沟通、学习、娱乐等各方面提出了新的要求。特别是在疫情影响下，对多途径、智能化、个性化的工作、学习、生活、服务模式提出了更加切实和更为紧迫的需求。我们要深入思考，发掘这些需求与专业知识的结合点，明确自己专业能够覆盖的领域，进一步定位好自己将来要致力突破的方向。这就要求我们在日常的专业学习中，特别是在“停课不停学”的线上授课期间，克服学习上的各

① 陈卓：男，华中科技大学计算机科学与技术学院辅导员。

种困难，保质保量完成专业学习任务，掌握牢固的专业理论基础和扎实的专业技术能力，特别是要能够学以致用，在各项实践中运用专业知识解决实际问题，在学习和实践中增长本领。这样才能在将来的工作中不断满足新的岗位、任务、内容的要求，更好地用专业知识解决社会需求，服务治理体系。

二、不断提高个人综合素质以更优地解决复杂问题

随着社会进步和生活质量的进一步提高，我们希望日常生活中遇到的困难、问题在能够被解决的基础上，其解决的方式、途径、感受能够更有效、便捷、舒心。在疫情期间，因为人们的焦虑、急躁和担心等因素的影响，一些问题和矛盾被放大，原本可以很好处理的事情没有被及时解决或者解决得不好，没有让人们满意。这就给我们的个人综合素质提出了更高的要求，不能再仅仅停留在通过技术能力层面解决问题，同时需要具备积极主动、责任担当、诚信干净、有效沟通、包容友善等多方面的个人综合素质。这些都需要我们通过平时积极参与各类志愿服务以及实践活动，与不同类型的人接触，通过组织、参与多种类型的活动、讲座、报告等，来扩充我们的视野、提升我们的认知、丰富我们的思维；并在各类生活实践中不断调整解决问题的方式、方法、视角、切入点，在不断尝试中逐渐取得进步。

三、不断修正评判标准以形成独立而完善的认知体系

疫情发生以来，不同地区之间、不同国家之间采取的抗疫手段不尽相同，这很容易会被我们拿来进行比较。我们往往也是通过比较来评判孰优孰劣，进而倾向于对“优”进行肯定，对“劣”进行批评。但是很显然，并不是“优”的就一定是好的、合适的、正确的，“劣”的就一定是坏的、过分的、错误的。这就要求我们通过不断学习、成长、思考来形成、修正、完善自己的评判标准，这样才能保持清醒，在复杂的情况下把握住事情的根本和关键，才能既不因“劣”的稍微好点而五十

步笑百步，也不因“优”的不够明显而妄自菲薄。

这次全国上下众志成城共同抗击新冠肺炎疫情，是一场生动且深刻的实践教育过程，我们要在其中看到社会发展进步对新时代青年的要求，进而不断增学问、长本领、升素质、固信念，将个人的全面发展、成长成才、价值追求与实现中华民族伟大复兴的进程紧密结合，为实现中国梦贡献自己的力量。

坚定理想信念，练就过硬本领，敢于担当作为

曹金梅[①]

在抗击新冠肺炎疫情这场看不见硝烟的战争中，从防疫一线的医务工作者到社区、村落的网格员，涌现出一大批英雄人物，他们不畏艰险、冲锋在前、舍生忘死，用实际行动诠释了何为“苟利国家生死以，岂因祸福避趋之”。

我们崇拜英雄，赞美英雄，更要学习英雄。那么我们该如何学习英雄呢？我想首先要树立“四个自信”，坚定理想信念；其次要加强自我管理，练就过硬本领；还要勤于实践锻炼，勇于担当作为。

一、树立“四个自信”，坚定理想信念

疫情肆虐下，中国的抗疫为全世界筑起了一道抗疫的“中国防线”。14亿中国人汇聚成群防群控的万里长城，几百支医疗队数万名医护人员火速驰援湖北，火神山、雷神山医院拔地而起，展现了中国速度、中国效率。我国主动与世界卫生组织交流疫情信息，分享防疫经验，加强抗病毒药物和疫苗研发国际合作，向其他国家和地区提供援助，体现了中国担当和中国责任。对比国内外抗疫举措，我们才更能理解中国共产党的为民情怀，才更能体会到中国特色社会主义的制度优势。与此同时，我们也看到国内外一些不怀好意者恶意诋毁中国、挑衅中国，试图从政治、经济、科技、外交等各方面打压中国，

① 曹金梅：女，华中科技大学船舶与海洋工程学院辅导员。

这让我们更加深刻地认识到吾辈当自强，要“为中华之崛起而读书”。

二、加强自我管理，练就过硬本领

新冠肺炎疫情是一次大考，对国家而言考的是国家治理能力，对医务工作者而言考的是治病救人能力，对同学们而言考的是自我管理能力。疫情期间学校的大多数课程已调整为网络授课，老师们也会定期开展线上答疑，有的同学已在倡导云端自习。但仍有不少同学反映居家学习的效率低下，既起不来也坐不住，经常人在课堂心不在，其他时间不是在刷抖音就是在玩游戏。知识是每个人成才的基石，在学生阶段一定要打牢打深。要把学习作为首要任务，端正学习态度，学品即人品，努力的人和不努力的人未来是有很大区别的。同学们正处于学习的黄金时期，身上寄托着家庭和民族的希望，未来有着无限的机会和可能，一定要自觉肩负起时代使命，不断加强自我管理，认真学习科学文化知识，练好人生事业基本功。

三、勤于实践锻炼，敢于担当作为

北京大学援鄂医疗队的“90后”党员们在新冠肺炎疫情防控斗争中，不畏艰险、冲锋在前、舍生忘死，彰显了青春的蓬勃力量，交出了合格答卷，他们用行动证明新时代的中国青年是好样的，是堪当大任的。习近平总书记在回信中勉励他们：“希望你们努力在为人民服务中茁壮成长、在艰苦奋斗中砥砺意志品质、在实践中增长工作本领，继续在救死扶伤的岗位上拼搏奋战，带动广大青年不惧风雨、勇挑重担，让青春在党和人民最需要的地方绽放绚丽之花。”

我们也有不少同学参与了抗疫志愿服务，有的是体温检测员，有的是生活物资配送员，有的是防疫知识宣传员，有的是抗疫一线医务人员子女的学业辅导员，他们从身边小事做起，服务着、奉献着。

还有很多同学因不能参加抗疫志愿服务而苦恼，我想告诉同学们，你们的责任与担当老师看到了。实践锻炼的舞台有很多，在实现中华民族伟大复兴的道路上，我们还将面临更多的考验，我们要牢记习近平总书记的嘱托，坚定理想信念，练就过硬本领，敢于担当作为，在祖国最需要的地方建功立业。

筑起我们的三道防线

闫俊宇[①]

关于2003年冬春之交"非典"的记忆还未完全散去，17年后，新冠病毒来袭。病毒这般"不依不饶"，带来的是对生命安全的威胁、对心灵健康的考验，也是对社会秩序的挑战。大学生面对突如其来的新冠肺炎疫情，又要如何在浪涛中勇做弄潮儿？

一、筑牢身体防线

身体是革命的本钱，抗疫就是生命和病毒之间的斗争。新时代青年要练就过硬本领，首先要有一个过硬的身体素质和健康的生活理念。

距离产生美。新冠肺炎属于急性呼吸道传染病，主要通过呼吸道飞沫和接触传播。面对此类疾病，最好的防治方法就是大家彼此隔离。春节期间，能与在全国各地上学的旧友聚会玩耍、与许久未见的亲人谈天说地是大家期待已久的。但疫情当前，请大家学会克制，这是对彼此的保护，是个人的担当和责任。街道上、楼栋间、屏幕前，彼此隔空致意，是这个春天最美的风景。

习惯成自然。疫情当前，健康卫生的良好生活习惯是必需的。勤洗手，勤消毒，勤通风，勤运动。这四个"勤"字包含的不仅仅是如何防疫，更是一种积极向上、严于自律的心态。希望大家合理膳食，在有限的条件下多锻炼，多开发一些诸如"卧室—餐厅—厨房—厕所"之类的健步行路线等，用好的身体来对抗疫情。

---

① 闫俊宇：男，华中科技大学土木与力学工程学院辅导员。

二、守护心灵防线

心灵是身体的助燃剂，好的心态不仅能让自己和身边的人情绪稳定，更有助于健康。

明天会更好。面对这次疫情，除了用科学方法照顾好自己和家人以外，我们更要有意识地调整自己的心态，也维护好身边人的心态。良好的心情、稳定的情绪更有助于提升自我身体机能。疫情来势汹汹，但我们也可以看到，随着各地人民齐心协力，医护人员奋勇向前，科研人员埋头苦干，在举国众志成城之下，疫情在逐渐被控制。我们能做的就是要相信国家、相信科学、相信人民，这次疫情一定能够被战胜，没有英勇的中国人民迈不过去的坎。

从容去面对。在疫情早期，许多问题还不清晰，社会认识还不到位，人们从恐惧疫情延伸到了恐惧武汉。周围人的态度、疫情的威胁，让很多同学焦虑万分，哪怕只是瓜子磕多了引起上火导致的一个咳嗽，哪怕只是睡久了以后的浑身酸痛，哪怕只是过年暴饮暴食引发的肠胃不适，不仅让身边的人恐慌，更让自己深陷焦虑——我是不是得新冠肺炎了？尤其从有症状患者到无症状患者，从境内爆发到境外输入，大家疑病的情况越发严重。殊不知，在压力较大、注意力高度集中的情况下，人对身体的感受会格外敏感，很容易放大身体的轻微不适，进而导致自己惶惶不可终日。如今，国内疫情已经可防可控，即使被感染，也能得到有效救治。从容面对疫情，微笑面对人生。

三、共建社会防线

社会是我们共同的家园，早日战胜疫情，我们就可以回到自己的岗位上去，一切才能恢复正常。作为高校学子，我们应当共同行动，投身到社会抗疫中去。

流言止于智者。在这一次疫情中，国内呼吸病学的权威专家钟南山院士作为抗击“非典”的领军人物，又一次走在了抗击新冠肺炎疫情的第一线。大家都调侃道：敌不动，我不动，钟南山让我动，我才动。于是，“钟南山说”成了谣言的一大系列；板蓝根，白醋能预防病毒，各种中药配方层出不穷；“我朋友在抗击疫情第一线，他说：……”这样的无中生有，也是屡见不鲜。实际上，没有飞机到处洒消毒剂，不会不让出行统一转运病人，口罩带得越多只会越喘不上气，我们的许多政府人员没有退缩，而是奋战在前线，很多所谓的负面视频都是后期配音……大学生应当提高自己的专业素养，提升辨识能力。用自己的智慧去阻止谣言的传播。

听指挥打胜仗。无论是学生还是医生，无论是工人还是农民，面对疫情，都要全国一盘棋，共克难关。大学生要积极关注疫情，听从社区和地方政府部门安排；要积极关注学校动态，听从专任教师、辅导员、教务员的安排，通过多种方式完成学业。听党指挥，能打胜仗、作风优良是中国军人的优良传统，在疫情大战中，也希望每一位同学都能做到听指挥、共行动、打胜仗。

筑起我们的三道防线，让大学生成为疫情防控长城中的一块重要的砖，我们才可以在疫情结束后骄傲地告诉世界：我们无愧于标志时代的最灵敏的晴雨表，我们无愧于祖国的未来和希望。我们才可以到处走走看看，才可以到久违的教室上课、到实验室钻研、到图书馆徜徉、到操场运动、到祖国山河游览，我们才可以继续过着“交一个人的学费，上两个人的课程，做三个人的作业”的“学在华中大”的生活。

真相的正确打开方式

赵广燕[①]

不少同学说2020年的开端充满了魔幻,怀疑是不是打开方式不对,甚至想要重启2020。但是,我们知道,人生没有彩排,每天都是现场直播。

还有些同学说,每天刷微博的心情跌宕起伏,甚至希望自己还是在梦中。但是,我们知道,敢于正视生活的真相才是真正的勇士。

那么,什么是真相?

一、有图就有真相吗?

大家还记得那张手术台自拍吗?患者做手术时,医生竟然拍照比"V",舆论没有放过他们,涉事医生受到了处分。后来,手术台上的农民工大叔坐不住了,他说当他到处求医问药未果时,是这家医院愿意收治;长达7个小时的高难度手术结束后,医生们为了庆祝手术胜利而拍照;而且这也是这张手术台上的最后一台手术,医生们想要跟陪伴了他们10年的手术台告别。看到这里,有没有一点心情复杂的感觉?

二、有视频就有真相吗?

如果说图片容易断章取义,那视频是不是就好些呢?令人难过的是,视频也可以捏造。大家还记得学期末的视频诈骗吗?骗子通过换脸术捏造求助视频,就连室友都难辨真伪。

---

① 赵广燕:女,华中科技大学经济学院辅导员。

三、穿越回历史就有真相吗?

或许认识事实、得知真相,最直接的方法就是乘坐时空机器回到现场。我们且不说可能性有多大,即使回到了那个现场,就能发现真相吗?也未必。因为我们的认识能力和认识工具都是极其有限的。有同学在家隔离,听说村子里和自己同姓氏的大学生确诊得了新冠肺炎,几经周折,才发现村民口中的患病大学生是自己。他又气又急,只能发朋友圈告知好友,自己一切安好,没有生病。

四、是什么掩盖了真相?

看到这里,是不是有些凌乱?有时,我们的确像提线木偶一样,被海量的信息牵动着情绪又无法跳脱。认真想想,那是因为我们只获得了事实的片段和碎片,同时又把碎片化的事实当作全部的事实。如何让这些碎片拼成图像、还原真相,就需要用伟人教给我们的世界观和方法论。

五、冷静下来,用逻辑思维去辨别一下

马克思主义早就告诉我们,历史的逻辑是历史的正确打开方式。今天的中国已经成为世界第二大经济体,多年来对世界经济增长贡献率超过30%,早已摆脱当初的积贫积弱困境。这背后的逻辑就是中国共产党经受时代的重大挑战、复杂考验,能正视困难,进行深刻的自我革新、自我革命,这是我们战胜一切困难的信心和力量源泉。

但是面对纷繁的历史片段,稍微偷懒一下,不经意就会成为谣言的助力者,稍微不冷静,就会陷入信念受到冲击的迷茫。用理智克制的态度去观察分析,需要智慧,更需要一份冷静和善意。比如针对疫情中的问题,不是不能揭短亮丑、批评指正,而是应当落脚于保障人民群众生命安全、身体健康这个最大的问题,化解这个最主要的矛盾!针对犯错的领导干部,不以言举人,不以人废言;针对组织发展

的不足，在哀其不幸、怒其不争的同时给它留一点时间，给一点期待。

新冠疫情初期，党中央果断、迅速地做出一系列决策部署。“一省援建一市”方案发布、十几天建成两座医院、方舱医院陆续投入使用……这些有力的措施，有效地解决了实际问题，极大地稳定了民心、增强了信心。那个时候，我们就知道历经磨难的中国共产党、中国人民、中华民族一定能渡过难关。

六、积蓄能量，用真才实学去辩驳一下

马克思主义告诉我们，社会存在决定社会意识。所有网络思潮都有一定的现实基础，不是凭空而来。特别是有些言论看似很专业，用专业术语唬住众人，也以挂一漏万的“事实”博得了眼球却慌了人心。

有人说这次疫情能让中国经济倒退20年，那他肯定不懂道格拉斯生产函数，更不懂经济生产周期；有人说要解散中国红十字会，那他肯定不懂社会救助系统的运作模式。网络时代，人人都有麦克风，我们要夯实专业基础，提升自身理论水平，及时发出专业声音，做自己专业领域的“麦霸”。当钟南山、张伯礼、李兰娟和“90后”医护工作者们忙碌在抗疫一线，把人民记在心里、责任扛在肩上、技能抓在手中的时候，我们知道，有着五千年智慧积淀的伟大民族一定能打赢防疫战争！有那么多具备高超专业能力的中华儿女愿意逆行出征，中国的未来一定美好！

七、行动起来，身体力行去实践一下

马克思主义还告诉我们，历史决定人性，而生产力决定历史。空谈误国，实干兴邦。最近有一段话不断刷屏：如果你觉得你的祖国不好，你就去建设它，你所站立的地方就是你的中国，你怎么样，中国便怎么样！

17年前，我们少不更事，全世界在守护“90后”，现在该我们守护

这个世界了，新时代青年要去墩墩苗了。我们知道规则和道德不容许模糊，因此当有学生私自回校被处分时，我们都认为这件事做得对；我们知道要敬畏自然、敬畏生命，在不能出门的时间里也要充分利用好每一分钟；我们知道没有什么岁月静好，爱和感恩才是前行最好的鼓励；我们知道家是最小国、国是千万家，国家建设是每个人的责任！我们相信，当每个中国人都动起来的时候，将会汇聚起排山倒海的历史伟力，没有什么困难是我们战胜不了的！

亲爱的同学们，面对突发事件，难免有段混乱期，但是没有一个冬天不能逾越，没有一个春天不能到来！面对纷繁复杂的世界，要有“自信人生二百年，会当水击三千里”的自信，保持“乱云飞渡仍从容”的坚强定力，赢得“长风破浪会有时”的战略主动！

也许，更重要的是，知道真相后，再也不放弃做一个正直善良的人！

青春奋斗，与祖国同行

赵琳[①]

己亥末，庚子春，一场没有硝烟的战争不期而至。这次新冠肺炎疫情，“是一次危机，也是一次大考”。我国“集中力量办大事”的制度优势，使得我们化危为机，中国“答卷”让世界惊叹。广大共产党员冲锋在前、舍身奉献，践行“不忘初心，牢记使命”的奋斗精神。每一位勇于迎难而上的中国人，创造着一个又一个震惊世界的奇迹。

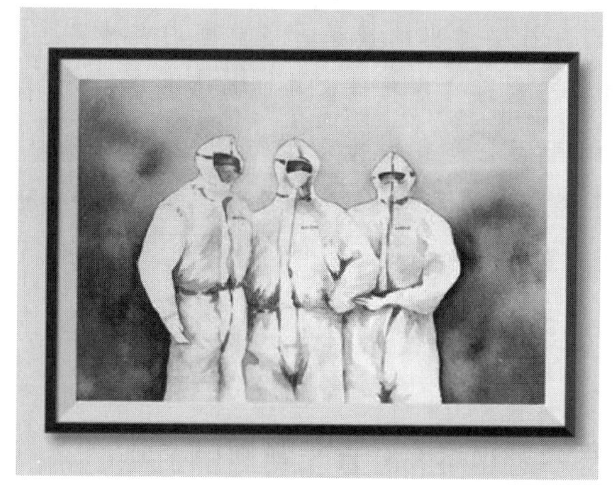

（华中科技大学艺术学院周瑶同学为一线医护人员作画，学生供图）

一、在实践中坚定理想信念

——咬定青山不放松，立根原在破岩中

在这场战“疫”中，中国共产党带领中国人民争分夺秒铸就“中国

① 赵琳：女，华中科技大学艺术学院辅导员。

速度”，同舟共济凝聚“中国力量”，驰援友邦彰显“中国担当”。各行各业的有名英雄或无名之辈，书写“中国故事”，发出“中国声音”，令世界动容。

制度优势，化危为机。“党有号召，我有行动”，中国共产党坚持“全国一盘棋”，中国人民听党指挥、积极配合，全国上下众志成城、携手抗疫。全国迅速启动重大突发公共卫生事件一级响应，武汉用10天左右迅速建成火神山、雷神山医院和方舱医院。19个省（区、市）对口支援，14亿同胞联防联控，形成强大合力。面对疫情，中国政府做出的正确决策和及时反应，获得了世界卫生组织的高度肯定和评价。

中国经验，世界分享。“投我以木桃，报之以琼瑶”，中国没有忘记危难时刻国际社会伸出的援手。当前国内疫情防控形势积极向好，中国向疫情严重的国家和地区捐助防疫物资、分享抗疫经验、加强疫苗研发合作，与世界各国共克时艰、守望相助，以行动践行大国担当。构建人类命运共同体，任重而道远。在这个伟大进程中，中国从未缺席，并一直奋力前行。

二、在奋斗中诠释使命担当

——青年兴则国家兴，青年强则国家强

习近平总书记在党的十九大报告中指出，“青年兴则国家兴，青年强则国家强”；在纪念五四运动100周年大会上说“奋斗是青春最亮丽的底色”。疫情期间，同学们以朋辈声音讲述抗疫故事，用青春力量助力抗疫行动，展现中国青年的责任担当。

青年主动担当家庭责任。学习自我防护知识，学会鉴别信息真伪，及时向家人宣传科学防疫知识，科普正确防疫方法。这也是难得的一次与父母长时间相处的机会，也要引导家人建立良好的心态，让自己和家人成为彼此的支持和依靠。

青年主动担当社会责任。当代青年是与新时代共同前进的一代，疫情当下，我辈青年应当把自己的青春担当与爱国责任结合，把自己的人生理想与民族命运联系，为抗击疫情贡献自己的力量。在这个特殊时期，你认真坚守的“居家隔离”是对疫情防控工作最大的支持，你及时回复的“一切安好”是对牵挂你的辅导员老师最好的安慰。有学生创作艺术作品致敬一线医务人员，有学生参加志愿服务助力联防联控工作，有学生走进村县宣传防疫知识，有学生帮助医院分发防疫物资，也有学生采访基层讲好“中国故事”。

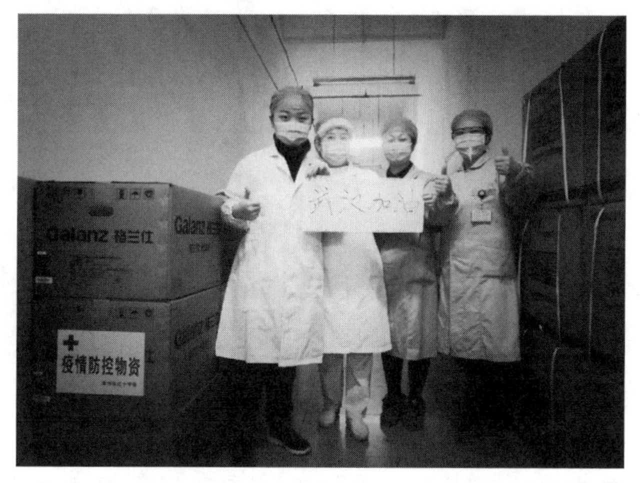

[华中科技大学艺术学院沈舒雅同学(左一)在常州市第二人民医院分发防疫物资，学生供图]

三、在行动中厚植家国情怀

——天下兴亡，匹夫有责

习近平总书记说：“崇尚英雄才会产生英雄，争做英雄才能英雄辈出。”忆十七年前，“非典”在目，钟南山院士言犹在耳。十七年后，钟老先生以耄耋之身，迎难而上，再次奔赴疫情的最前线，展现了医者仁心、彰显了家国情怀。

我们积极思考：如何引导青年学子共抗疫情、爱国力行，在实践中涵养家国情怀？同学们对疫情期间的事件产生的感情和认知，都体现着强烈的政治认同感。而在这个过程中，除了老师的思想指导和价值引领，青年人的话语力量同样发挥着重要作用。

在救死扶伤的最前线，广大医务工作者义无反顾投入防控救治工作，舍小家为大家，把白衣当战袍。无数个镜头前，他们面露微笑，一句轻描淡写"这是我们的责任"。医者仁心、千里驰援，值得我们发自肺腑的感谢。

在疫情防控的大后方，有更多平民英雄为我们平安喜乐的生活而坚守。各地蔬菜紧急送往湖北各市；口罩厂家紧急复工连夜生产；社区志愿者配送物资，保障群众基本生活；基层民警坚守岗位，维护正常社会秩序……

在玉兰花开的华中科技大学，学校实行网格管理，党员干部靠前指挥，稳定民心。学校投入大量医务人员和病床，综合多学科力量开展科研攻关，学以致用，把论文写在祖国大地上，发挥科研对抗击疫情的推动作用。

有一种感动叫作"中国人"，那是"岂曰无衣，与子同袍"的中国力量。有一种感动叫作"感同身受"，那是"同舟共济，守望相助"的家国情怀。我们不仅要称赞中国政府的组织动员能力，更要为中国老百姓对自己和他人生命负责的精神觉悟点赞！

我辈青年要坚定"四个自信"，树立民族自豪感，让爱国主义的"硬核力量"更加壮大。热爱生命，敬畏大自然；勇于担当，传播正能量。不忘初心，牢记使命，在青春战"疫"中，与祖国同行！

构筑携手同行的命运共同体

李毅[①]

在我们生活的不同层面、不同领域、不同范围，会形成各种各样的共同体，如家庭、企业、机关、学校、医院、国家、国际组织等。这些共同体与我们的生活息息相关，共同体中每一个成员的命运都紧密地交织在一起。

习近平总书记多次提出"人类命运共同体"的概念，在这次抗击新冠肺炎疫情的奋战中，相信我们每一个人都对它的内涵有了更加切身的体会。疫情发生以来，所有人都置身其中，时刻关注着疫情的发展；各行各业更是勠力同心，同舟共济，用自己力所能及的方式默默做出贡献，构筑了一个强大有力的战"疫"命运共同体。

医患之间是命运共同体。在这场生与死的角力中，我们看到一批又一批的医护人员不顾自身安危，毅然奔赴前线，给患者带来生的希望，向群众传递乐观的情绪与必胜的信念。他们忙碌的身影和坚毅的面容，让无数患者心生敬佩与感动；他们的勇敢、牺牲和大爱，也让人们开始深刻反思中国的医患关系，让更多的人对医生这个职业多了一丝理解，多了一份尊重，少了一些埋怨和冷漠。

医护人员和患者应该彼此包容，彼此善待。和谐的医患关系是社会正常运转的重要一环。正因如此，当朱某华对医护人员颐指气使的视频曝光后，愤怒与谴责的声音纷至沓来；正因如此，当武汉方舱医院的医护人员带领患者起舞之时，全国人民无不为之动容。在这样艰难的时刻，许多患者相互帮助，有些患者甚至主动为医护人员

① 李毅：男，华中科技大学电气与电子工程学院辅导员。

承担了一些力所能及的工作，协助清理病友们的生活垃圾，跑腿送饭，等等。这份双向的爱，给了疫情之下的中国最大的安慰和力量。

师生之间是命运共同体。校园封闭、延迟开学、网络办公、线上授课……在疫情面前，华中大的全体师生都正在经历一场前所未有的严峻挑战。六万余名学生、三千多位老师，尽管山水相隔，心却似乎贴得更紧。

一线教师们连夜准备用于网络教学的"课程大礼包"，基层教务员们挑灯夜战绘制"网络教学课表"，大家不分昼夜，齐心协力整合了多元化的学习渠道，保证了线上授课、网络教学的如期进行。有些老师所处的地方偏远，网络不通、信号不畅，为了能按期上课，甚至跑到信号稍强的山顶提前备课、上传资料；不少学生克服重重困难，保质保量地完成课程任务。

正如华中大党委书记邵新宇院士所说："我们注重写好两篇文章，一个是发表在期刊上的文章，一个是写在祖国大地的文章。"在疫情面前，华中大的每一位师生都应该努力成为"写好两篇文章的践行者"，在全力抗击疫情、确保生命安全的同时，尽最大努力保障教学、保障科研。

每一个中国人都置身于同一个命运共同体。"一方有难，八方支援"是中华民族面临灾难时一贯秉承的生存智慧和古老信条。当疾病如洪水猛兽般围困住武汉，围困住湖北，祖国各地同胞纷纷伸出援助之手，火线驰援、雪中送炭，成为我们最坚实的后盾。全国各地调派 340 多支医疗队 42000 多名医护人员驰援，迅速建设火神山、雷神山等医院，增加床位供给，优先保障湖北的医用物资。

华中大在这次灾难面前，更是做出了突出贡献。在抗击新冠疫情阻击战中，学校的 11 家附属医院均是定点医院，投入医护人员约 3.4 万人，投入病床 9000 余张，管理方舱病床近 6000 张，是全国投入医护人员和床位最多的高校。此外，学校在全球 50 多个校友会数万名校友及多家爱心校友企业，为武汉和其他地市捐赠抗疫物资和抗疫资金。

面对疫情，全人类的命运都是一个共同体。病毒没有国界之分，在疫情面前，任何国家都难以独善其身，只有全人类携起手来，才能更快地战胜疫情。疫情爆发后，已有俄罗斯、日本、巴基斯坦、韩国、马来西亚、印度尼西亚、哈萨克斯坦、德国、英国、法国、意大利等30余个国家向中国捐助了疫情防控物资。

日本的防控物资随着“山川异域，风月同天”八个字抵达武汉时，中国人民心中备感温暖。当日本国内新冠肺炎疫情持续发展时，我们也高度关注，感同身受。当得知日方检测试剂不足后，中国紧急捐赠了一批检测试剂盒。“岂曰无衣，与子同袍”，两国人民在面对疫病时，并不是独自作战，而是互相扶持，密切合作，力争早日战胜疫情。

“能用众力，则无敌于天下矣；能用众智，则无畏于圣人矣。”战胜疫情，需要你我同力，千万人同心，在疫情面前，我们所有人都是“当事人”。我们生活在同一个地球村里，越来越成为你中有我、我中有你的命运共同体。“人类命运共同体”意味着共享成果、共担责任、共渡难关。在共同抗击新冠肺炎的战役中，我们必将筑牢战“疫”命运共同体，携手同行、守望相助、共克时艰。

党员先上，你还愿意入党吗？

罗圣[①]

“一线岗位全部换上党员，没有讨价还价”，“第一批医生都很了不起，人不能欺负听话的人”，“我不管你入党的目的是什么，现在就得给我上去”，这是2020年1月29日的新闻发布会上“硬核网红医生”张文宏说的话，也是生死面前对共产党员初心与使命的重大考验。

那么，战“疫”一线，要求党员先上，你还愿意入党吗？

对于每一名已经和想要入党的人，这个问题，都是无可回避的灵魂叩问。中国共产党自诞生以来，就将“为中国人民谋幸福，为中华民族谋复兴”写在自己的旗帜上，中国共产党近百年的奋斗历程就是一部为中国人民谋幸福、为中华民族谋复兴的使命征程。老一辈革命家之所以入党，是面对那山河破碎、亡国灭种的危局，奔涌出的救国救民的奋争与理想。

突如其来的新冠肺炎疫情，让成长在新时代的青年对生死攸关的危难时刻有了更深刻的认识。“不计报酬，无论生死！”这是2020年1月21日对新冠肺炎病毒的危害性还存在大量未知的时候，武汉同济医院一名有着15年党龄的医生写下的申请书。他说：“这是为了起到一个党员的模范带头作用，尽到一个医务工作者治病救人的应有职责。”“我是党员，我先上！”一封封带着鲜红手印的请战书，一张张无比坚定的面孔，一批批党员“逆行者”带头进入病区争着干最艰巨的任务。

① 罗圣：男，华中科技大学光学与电子信息学院辅导员。

怕吗？谁不怕！上吗？必须上！

“为有牺牲多壮志，敢教日月换新天。”回忆起热播反腐剧《人民的名义》中“老革命”陈岩石在汉东省委常委会上一堂特殊党课中的那段话，仍然热泪盈眶：“我入党是队伍要打云城的时候，我们团长做战前动员，说不是共产党员，就没有资格背炸药包……那个时候，背炸药包是共产党员才有的特权……我这一生都为抢到这个特权而骄傲。”

“长风破浪会有时，直挂云帆济沧海。”新时代青年，要开拓创新，勇做时代弄潮儿，争做新时代的坚定者、奋进者、搏击者，不负时代重托、无愧历史选择，用习近平新时代中国特色社会主义思想武装自己，在新时代中国特色社会主义的伟大实践中奋勇前进。

一名党员就是一面旗帜，哪里有需要，哪里就有党员冲锋在一线，以“我是党员，我先上”的政治自觉，以“舍我其谁”的气概和“铁肩担道义”的胸襟，豁得出、顶得上，靠得住、战得胜，将坚定的初心使命书写在祖国大地上和人民群众心坎上。

每一位共产党员都有过面向党旗宣誓的经历，这是跨入这扇大门时最重要的仪式。入党誓词重于泰山，背后寄托着千万先烈的厚望和千万党员的信仰。宣誓意味着承诺，入党誓词里的每一句话都是一份庄重的诺言。当我们面向党旗高举右手，庄重地念出每一句誓词，并在最后郑重地念出自己的名字，就标志着对党和人民许下了我们的诺言。君子一诺值千金，既然做出了承诺，就意味着必须永远坚守、永不偏移、永不背叛。

面对疫情，我们每一位还未走出象牙塔的青年党员都可以扪心自问：“危机面前，党员先上，可能真的是赴死，你还愿意入党吗？”问的是初心，答的是信仰和使命！

第二篇

修身·崇尚英雄精神篇

“中华民族是崇尚英雄、成就英雄、英雄辈出的民族，和平年代同样需要英雄情怀。”英雄精神一直是中华民族的伟大民族精神的重要内容，习近平总书记多次强调要推崇英雄精神。在不同年代，涌现出的英雄故事、英雄事迹，构筑起伟大的民族精神，凝聚起实现中华民族伟大复兴的磅礴力量。

在这一篇，通过《做和平年代的“平凡英雄”》《让我们成为自己的英雄》《为每一分努力喝彩》《新时代最可爱的人》《共担风雨，争做堪当大任的时代新人》《用“四力”去迎接明日的曙光》《这些偶像教会了青年们什么？》《传递好英雄的接力棒》等文章，引导青年学子从英雄事迹、英雄故事中汲取营养，从英雄身上学习优秀的精神品质。

面对挑战与考验，无数的英雄前辈冲在前、干在先，挥洒、热血和汗水，贡献力量和智慧，为青年学生树立正面榜样，青年学子当延续榜样力量、传承英雄精神、培育优良品质。在这一篇，通过深刻挖掘英雄们的精神内核和优良品质，着力培育青年学生的大局意识、担当精神和奉献精神，解读英雄精神背后的文化内涵和精神内核，帮助青年学生树立正确的价值观，引导青年学生崇尚英雄、学习英雄，传承和发扬英雄精神。

做和平年代的“平凡英雄”

谢宇翔[①]

什么是“英雄”？战争年代，英雄来自民族危亡之际的振臂一呼，来自白色恐怖之下的坚守与执着，来自枪林弹雨之中的挺身而出。和平年代，没有战争，没有流血，没有牺牲，怎样才算是英雄？

回望历史，在1998年的特大洪水和2003年的“非典”防控战中，“70后”青年们挺身而出，站上了历史的舞台；在2008年汶川地震和2010年玉树地震的救援工作中，“80后”青年们主动请缨参与，得到了广泛的认可；在2020年的新冠肺炎疫情阻击战中，“90后”和“00后”青年们的高光表现，再次诠释了：和平年代，英雄都不是自带光环的，他们就在我们身边，都是“平凡的英雄”。

平凡英雄要有非凡本领。“哪有什么岁月静好，不过是有人在替你负重前行。”在这个冬春交替的季节，数万名我们不知道姓名的医护工作者，为保卫湖北、保卫武汉，千里驰援，舍生忘死。其中，“90后”的白衣天使就有1.2万余名，他们摁下红手印，立下请战书，用实际行动彰显青春担当。他们与死神竞速，“以吾辈之青春，守护盛世之中华”。或许两三年前，他们还在大学的校园里苦练基本功，然而时代的召唤赋予了他们非凡的使命，他们用自己扎实的本领出色地完成了任务。大学生们要做和平年代的“平凡英雄”，首先要有非凡的本领，立足自己的专业，深入探索前沿知识，充分用好学校提供的教育资源，向自己感兴趣的方向努力，让自身的综合素质不断提升，随时做好被时代和国家召唤的准备。

① 谢宇翔：男，华中科技大学船舶与海洋工程学院党委副书记。

平凡英雄要有非凡精神。平凡英雄可能是帮助独居老人跑前跑后的“红马甲”志愿者，可能是每天戴着口罩挥汗如雨的保洁员，可能是买药购菜的外卖小哥和快递员，可能是每天“997”保障居民生活的社区和物业工作人员，可能是每天站在路口、哨卡值班的警察……他们的共同点是，在平凡的岗位彰显出了非凡的精神。当城市按下了暂停键，他们依然忙碌在自己的岗位上，正是因为他们的坚守，才保障了基本民生、粮食能源的供应和基层社区的良性运转。他们像满天星斗般散落在城市的每个角落，在自己平凡的岗位上，共同托起了整个城市运转的重任。大学生们身上寄托着国家和民族的希望，在扎实学好本领的同时要磨砺自己的精神，树立远大的理想，勇敢地担当起国家和民族赋予的重任。

每个人都可以是平凡英雄。毛主席曾对青年人说：“世界是你们的，也是我们的，但是归根结底是你们的。你们青年人朝气蓬勃，正在兴旺时期，好像早晨八九点钟的太阳。”如果说宅在家中的青年学生们为这次疫情做出了什么贡献，那应该就是坚持“停课不停学”，不断锤炼自己的专业知识与技术。面临百年未有之大变局，中国正加速走入世界舞台的正中央。如何实现中华民族伟大复兴和中国文化繁荣发展？如何完成中华民族从站起来到富起来再到强起来的飞跃？如何让伟大的中华民族屹立在世界的东方？唯有不断提高自己的专业技术能力，牢牢握紧自己的“两把刷子”。在祖国最需要的地方，每个人都可以是平凡的英雄。

“不忘初心，牢记使命”，当代青年要坚持中国立场、秉持中国信念、讲述中国故事、传播中国自信、实现中国梦想，将“大变局”变成“大机遇”，在各自的岗位上干出成就，成为新时代的“平凡英雄”。

让我们成为自己的英雄

罗珺[①]

英雄在哪里？我曾无数次问自己这个问题。

英雄好像离我们很远，他们总是出现在课本里，出现在影视剧里，出现在新闻报道里；他们又好像离我们很近，在这个因疫情迟迟未到的春天里，在举国上下同舟共济、守望相助的时刻，我们不难发现，英雄其实就在身边。

2020 年 4 月 8 日，武汉重新开启“连接”世界；4 月 26 日，武汉在院新冠肺炎患者“清零”……在这些“结束”和“开始”的背后，有太多人为之拼命，他们是我们的英雄；现在，是时候轮到我们挺身而出，与时代、与国家一起努力奔跑，成为自己的英雄。

一、成为自己的英雄，与时间赛跑

近日，一条大学生自制固体火箭成功发射的视频火了，视频完整展现了火箭从自主设计、仿真、制造、测试、控制，到发射和回收的全过程。这条视频的作者、同时也是火箭的设计者名叫刘上，是南京航空航天大学航空航天工程专业本科 2019 级学生，疫情期间在家中上网课之余，与时间赛跑，自主完成了火箭的制作。

回想新中国 70 多年巨变，在“站起来、富起来、强起来”的历史征程中，不也正是中国人民与时间的一场赛跑吗？每个时代的中国人都有自己的使命。习近平总书记说过：“世界的未来属于年轻一代。”当前，我们正处在“两个一百年”奋斗目标的历史交汇期和全面建成

① 罗珺：女，华中科技大学电气与电子工程学院党委副书记。

小康社会的关键期，这次疫情也许会加快"百年未有之大变局"，湖北已经在加速疫后重振。当下，也许我们正在进行一场难能可贵的自我修炼，为接下来的努力奔跑赢得时间；之后，我们每个人也要跑出自己的加速度，以"只争朝夕、不负韶华"的决心，迎接属于我们的"黄金时代"。

二、成为自己的英雄，与科技赛跑

"华中科技大学一直坚持既'顶天'又'立地'。我们注重写好两篇文章，一个是发表在期刊上的文章，一个是写在祖国大地的文章。"相信大家对我校邵新宇书记在与《新闻1加1》连线时讲的话记忆犹新。李元元校长也介绍过，医工、医理结合成为我校抗疫科研攻关的一大特色，医文结合也凸显了我校在建言献策上的科技优势。

杂交水稻、神舟飞船、5G通信、歼20战机、高铁、干细胞移植、人工智能……从工业到农业、从国防到民生，涉及各个领域，不断发展壮大的中国，不也一直在与科技赛跑吗？习近平总书记说过："科技是国之利器。"当下，无论是入选华为"天才少年"的优秀校友，还是"直博"顶尖名校的"科研达人"，以及还在等待复学返校的普通华中大学子，也许我们都在为了能与科技赛跑而蓄能；之后，我们每个人也要接过科技创新的接力棒，以"勇立潮头、引领创新"的品格，努力成为新一代的科技人才。

三、成为自己的英雄，与未知赛跑

2020年4月24日是"中国航天日"。50年前的这一天，我国第一颗人造地球卫星"东方红一号"发射成功，拉开了中华民族探索宇宙奥秘、和平利用太空、造福人类的序幕；50年后的这一天，在2020年线上"中国航天日"启动仪式上，中国首次火星探测任务被正式命名为"天问一号"。从古人的追寻到今人的探索，从"东方红一号"到"天问一号"，50年来，载人航天、北斗组网、嫦娥探月等重大任务渐次推进，现在又即将开启走向深空探测的新起点。

探索之路从不平坦，为人类探索未来和更远世界，基础科学、医学、前沿核心技术等领域的科研工作者们都在为此而努力。一代代人对于一切事物现象的发问、对于科学真理筚路蓝缕的探索，不正是一场中华民族与未知的赛跑吗？习近平总书记说过：当代青年“探索未知劲头足，接受新生事物快”。当下，也许我们正在打好专业基础、掌握本领域的学习和研究方法，为探索未知的征途而铺路；之后，我们每个人也要“以真理的精神追求真理”，敢于战胜一切已知和未知的艰难险阻，以“自力更生、艰苦奋斗”的志气，奋力开拓人类更加美好的未来。

最后，用习近平总书记的话作为结束：“崇尚英雄才会产生英雄，争做英雄才能英雄辈出。”“英雄模范们用行动再次证明，伟大出自平凡，平凡造就伟大。只要有坚定的理想信念、不懈的奋斗精神，脚踏实地把每件平凡的事做好，一切平凡的人都可以获得不平凡的人生，一切平凡的工作都可以创造不平凡的成就。”无论是在当下，还是在未来的10年、20年、30年，当我们被自己、被身边的人、被祖国需要的时候，愿都能挺身而出，成为自己和这个时代的英雄。

为每一分努力喝彩

占艺[①]

寒假开始前，在华中科技大学登峰计划班的班级群里，我布置了班级寒假作业，其中就包括：讲好一个“大一新生的故事”。我以为，在浩荡的时代洪流中，微观视角往往更能反映那些最鲜活的生命。我期待我指导的每一位同学都能够利用寒假时间，从独特的个人体验出发，重新回味走过的大学新生时光。

没想到，新冠肺炎疫情突然来袭。远在祖国各地的同学们也不得不按照学校的防控指挥部署，推迟返校，在家等待。

这次新冠肺炎疫情可以称得上是第一个真正的“社交媒体时代疫情”。我以为，当前铺天盖地、真假参半的信息不断涌现，也许会让同学们无心再关注什么作业。当陆续收到大家从远方发来的作业邮件时，我发现是我多虑了。诗歌、唱作、幻灯片、电子画册、视频，甚至还有英文版的写作……每位同学都在利用各种方式创造性地完成作业，并用行动支持着这场战“疫”。看来“敢于竞争，善于转化”的华中大基因已经在这群同学心中完成了在思想和行动上的重组。

因此，我不敢怠慢，同学们的每一封来信，我都仔细地看，认真地回，我为他们的每一分努力而喝彩。因为我相信，在这一刻他们更需要鼓励。这时的关注和交流，是最好的思政育人方式。

我看到，有同学为抗疫工作向校友基金会踊跃捐款，更有同学与小伙伴一起，想办法采购 N95 口罩捐给武汉一线医院。同学们用各种方式做着自己力所能及的贡献，我回信为他们的这份热心喝彩。

① 占艺：男，华中科技大学生命科学与技术学院辅导员。

我看到，每一位同学都在主动配合当地的防控政策。同学们也并没有消沉，而是积极开展家务劳动，进行体育锻炼、读书、学艺，甚至每个人都体验了一把掌勺的滋味。"'五育'齐进，'六有'同长"是登峰计划班的班训，大家在最艰难的时刻依然不忘坚持班训的要求，我回信为他们的这份担当和从容喝彩。

我看到，在每天的健康状态登记中，班委都在QQ群里认真督促，同学们都在耐心地配合，学院的学生健康状态填报率很快达到百分百。配合跟踪健康情况同样也是为抗疫做出自己的努力。我回信为他们的这份执行力喝彩。

我看到，生命科学与技术学院有很多同学在各种社交平台利用自己的专业知识配合辟谣，让谣言止步在科学面前。坚持理性对于一位未来的科学工作者而言非常重要。每个大学生都可以成为这场"信息疫情"阻击战的坚固堡垒。我回信为他们的这份理性喝彩。

我还看到，同学们认真地开展新学期的课程预习，学习委员收集的预习情况反馈中，满满都是大家做的自学笔记。而当2020年2月17日学校启动"停课不停学"的线上教学时，早上7:30就看到群里的到课打卡率已经百分百。我回信为他们身上所体现的"学在华中大"精神而喝彩。

有同学告诉我，他为班级开展的线上学习方式起了个响当当的名字——"云上登峰"。确实，在线学习方式从技术上讲是在"云端"。而学习科学知识、探索科学高峰，更是要冲破未知的云雾。此时此刻，"云上登峰"有着现实和精神上的双关。虽然同学们的网络条件不尽相同，虽然平台还有很多需要不断调适的地方，但这份矢志学习、毫不退缩的精神，是克服当前一切困难最有效的武器。

很多同学都在来信中提到当地的疫情防控情况。从他们的视角看去，现在这拨"00后"确实经历了一段非比寻常的时光。宅在家学习的时光里，同学们依然需要坚持不懈地奋斗。

我们可以继续用各种方式为学校和武汉助一臂之力；我们要坚

持做好卫生防护与健康报备，配合疫情防控的大局；我们要继续把日子过得充满色彩，“在艰苦奋斗中砥砺意志品质、在实践中增长工作本领”；我们要继续努力学习，用科学武装头脑，用理性荡涤谣言，用行动让所有的事情以全新的姿态走上正轨。我们还要记住为这场战“疫”咬牙坚持的每一位负重前行者。我们要用最善的心去铭记他们的故事，用最善的语言送上问候，用最善的行动给予呵护。“大学之道，在明明德，有亲民，在止于至善”，它能让人性在黑暗苦难中也熠熠生辉。

从人类历次抗击疫情的经验来看，这场疫情也终将结束。当春暖花开、山河无恙，我们再次齐聚喻家山下，还得加倍努力地学习和传承“明德、厚学、求是、创新”的校训精神，才不辜负这世间所有负重前行者的辛苦和努力。有一天，当登峰计划班的同学们也有能力有条件去成为这样的前行者时，你们所呵护的就是那些“曾经的自己”。让我们继续谱写这些故事，铭记这些故事，并为这些故事里的每一分努力而喝彩。因为我们就活在这些故事中，它们铭刻着我们在这浩瀚宇宙中曾努力散发过的光和热。

新时代最可爱的人

张建[①]

2020年，新冠肺炎疫情席卷全球。面对这突如其来的重大突发公共卫生事件，曾经很多人为中国担心。但是让世界刮目相看的是，中国人民在中国共产党的带领下，精诚团结、奋发有为，用血肉之躯筑起防疫铁墙，上演了一幕幕感人至深的中国故事，有效地控制住了疫情。

69年前，作家魏巍从朝鲜战场归来后，提出并回答了时代之问"谁是最可爱的人"；69年后，当我们在复兴之路上策马前行时，在国泰民安的中华大地偶遇波折，谁又是新时代最可爱的人？

这场疫情或许可以给出答案。

一、可爱的医务人员

"一辈子里国家真正需要你的时候能有几次，国家需要你的时候，你不站出来，那你就是懦夫啊！你来到现场看到你的同胞们正在经历这种苦难的时候你真的什么都不怕，觉得我们就应该站出来帮他们！"作为驰援武汉的第一批医疗队，四川医疗队队长雷波的话催人泪下。

真正的勇士，是那些哪怕身处黑暗的洞穴，但仍坚信可以找到光明出口的人。广大医务工作者在这次疫情防控中既面临巨大的工作压力，又承受着直面疫情的精神压力，虽然如此，他们依然以乐观的心态，既医治患者的身体，又治愈我们的心灵。

① 张建：男，华中科技大学土木与水利工程学院辅导员。

前段时间，有媒体用摄影机拍下了这样的一幕：在桂林市第三人民医院有3名新冠肺炎患者治愈出院，院长正接受记者采访时，一名护士突然蹦到另一个人身上，“熊抱”庆祝患者出院，紧接着在瞄到自己入镜之后，两个“小可爱”害羞得赶紧躲开。“不行了太可爱了！”“好想抱抱她们”，网友们纷纷被她们发自内心的开心感染，“摘下口罩她们也是孩子吧！但责任感已经能扛起这个世界”。还有那些在方舱医院带领患者跳广场舞、在患者出院时跳起天鹅舞的白衣天使们，他们如黑暗中的一道光，照亮我们的心灵。

2020年3月10日，习近平总书记在湖北省考察新冠肺炎疫情防控工作时对医务人员代表说：“你们都穿着防护服，戴着口罩。我看不到你们的真实面貌。但是，你们在我心目中都是最可爱的人！我在这里，代表党中央，向你们表示诚挚的慰问，致以崇高的敬意。”

在这场没有硝烟的战役中，对于习近平总书记这一句“最可爱的人”，他们实至名归。

二、可爱的人民子弟兵

2020年1月24日除夕夜，空军军医大学第一附属医院呼吸内科全体医护人员写下“请战书”：“尊敬的空军军医大学第一附属医院党委，作为一支有优良传统并具有丰富经验、成功战胜过‘非典’的医疗队伍，我们随时听候调遣……”17年前，他们战斗在抗击“非典”一线；17年后，他们再一次义无反顾地奔赴“战场”。一页页摁满红手印的请战书，一声声铿锵有力的誓言，响应使命的召唤，回应生命的呼唤。

1月29日，习近平总书记对军队做好疫情防控工作做出重要指示。习近平总书记一声号令，人民子弟兵紧急出征，展开一场与时间赛跑、用生命拯救生命的壮举，把对党的无限赤诚、对人民的无限热爱，挥洒在这场没有硝烟的战斗中！

“我军承担武汉火神山医院医疗救治任务是党和人民的高度信

任，要加强组织领导、密切军地协同、坚持科学施治、搞好自身防护，不负重托，不辱使命。”

——火神山医院从全军不同的医疗单位抽调精英医疗力量，秉持“治愈率最高，死亡率最低，医务人员零感染，收治患者零投诉”的目标，有4000多名部队医护人员奋战在武汉抗疫一线，已累计治愈患者数千人。

“我军有关医院要全力做好患者收治工作，科研机构要加紧开展科研攻关，积极为打赢疫情防控阻击战做出贡献。”

——3月16日，由中国工程院院士、军事科学院军事医学研究院研究员陈薇带领科研团队研制的重组新冠疫苗，通过临床研究注册审评。当日20时18分，获批正式进入临床试验。

若有战，召必回，战必胜！无论是69年前在朝鲜战争战场上被魏巍称赞的那一群人，还是69年后走上这场没有硝烟的战场的人，人民子弟兵都是永不落伍的最可爱的人。

三、可爱的基层防疫工作者

在网上流传着这样一张合影：十几个人简单地站成一排，没有造型，没有美颜，甚至每个人的脸都看不清，但是它依然打动人心。城管、环卫人员、警察、医生、街道办事处人员……这是一个“守护百姓平安”小分队。疫情时期，中华大地上，无数个这样的小队，在默默奋战，护佑我们，护佑祖国。

2020年3月9日，民政部基层政权建设和社区治理司司长陈越良表示，根据初步统计，截至3月8日，全国城乡社区工作者已有53位因公殉职，其中党员占92.5%。在这场没有硝烟的战役后方，还有无数坚守在自己岗位上的基层防疫工作者。

基辛格在《论中国》中说：中国人总是被他们之中最勇敢的人保护得很好。鲁迅说：我们从古以来，就有埋头苦干的人，有拼命硬干的人，有为民请命的人，有舍身求法的人……这就是中国的脊梁。

这些中国的脊梁、这些最勇敢的人，也是这个时代最可爱的人。

四、可爱的中国人民

2020年1月31日，南京，公安检查站。一辆白色轿车停在路边，下来一个戴口罩的男人，他一边从车上搬箱子，一边对民警说："拿点东西给你们，我从土耳其背回来的！"民警一看，是一大箱口罩，赶紧问他："您贵姓？"这个男人答："免贵，中国人就行了！"

同一天，在山东日照，一位环卫大爷来到西湖派出所，放下一包东西就赶紧走了，民警打开后发现那是12000元现金，说是要捐给武汉。后来大爷被人们找到，他说："你别以为这个事很大，这个事是无所谓的事，他们能跑到前线冒着生命危险，我不能捐出一点爱心吗？"

在援建火神山医院时，有很多无名英雄参与了这项伟大的工程。其中有一位农民工，当别人问他为什么而来时，他说："大道理我们农民工也说不来，反正国家有难嘛，总归是尽自己的一份力量。"

我会永远记得我是中国人，但是你们不用记得我。这就是最可爱的中国人民。

五、谁是最可爱的人

85年前，被捕入狱的方志敏写下了那篇著名的《可爱的中国》，他说，总有一天，在中国大地上，欢歌将代替悲叹，笑脸将代替哭脸，富裕将代替贫穷，康健将代替疾病……他坚信未来的中国必定是可爱的，必定是繁花似锦，必定是国泰民安，到处都有着日新月异的创造，到处都充满生机活力。

可惜包括方志敏在内的无数革命先烈都没有等到这可爱的中国成立的一天。但是中国共产党人仍然一代接一代，担起实现中华民族伟大复兴的使命，经受住了重重考验。不论是"98抗洪""03非典"，还是汶川地震，中国共产党带领中华民族克服千难万险，从站起来、富起来到强起来，逐步屹立于世界民族之林。

从来没有哪一个政党，能够像中国共产党这样凝聚起全体中华儿女的意志，并将这种意志转化为无坚不摧的战斗力；能够像中国共产党这样打造出今日中国的这般繁荣昌盛，实现高速增长30年不断。

习近平总书记说，这就是我们战胜疫情的信心所在：依靠中国人民的万众一心、集中力量办大事的制度优势、强大的物质和技术基础，以及丰富的实践经验。

谁是新时代最可爱的人？抗疫一线的医务人员是，召之能战的人民子弟兵是，基层一线的防疫人员是，每一个为之努力的中国人都是。

六、做新时代“最可爱”的青年

在这次抗疫斗争中，以“90后”为代表的青年一代挺身而出，在4.2万多名驰援湖北的医护人员中，就有1.2万多名是“90后”，其中相当一部分还是“95后”甚至“00后”，这充分展现了新时代中国青年担当奉献、积极作为的精神风貌。

在全国疫情的中心武汉市，以吴雨璇、金宁等为代表的30名华中大青年学子不顾个人安危，加入湖北省慈善总会志愿者团队，协助工作人员对接境外物资捐赠，湖北省慈善总会就此特别写信感谢。此外，还有无数青年师生投入这场战“疫”，比如新疆籍学生艾合买提·托合尼亚孜，因疫情滞留学校期间，积极承担9名留校少数民族本科生用餐统计和物资发放等工作；广大华中大青年学子主动参与关爱医务人员、义务辅导医务人员子女活动，短短几天便有近千名学子报名……

习近平总书记3月15日给北京大学援鄂医疗队全体“90后”党员回信说：你们青年人同在一线英勇奋战的广大疫情防控人员一道，不畏艰险、冲锋在前、舍生忘死，彰显了青春的蓬勃力量，交出了合格答卷。

小小的年纪，大大的担当。奋斗是青春最亮丽的底色。在新冠肺炎疫情防控斗争中，广大青年用行动证明，新时代的中国青年是好样的，是可堪当大任的！

沧海横流，方显英雄本色。希望我们如朝阳般的新时代青年，个个都能磨炼成这个时代最可爱的人！

共担风雨，争做堪当大任的时代新人

赵帅[①]

中国抗疫的良好局面，离不开“集中力量办大事”的制度优势，离不开“同舟共济，守望相助”的团结凝聚力，离不开“不计报酬，不论生死”的英雄情怀。同时，也离不开同学们的担当和奉献，感谢每一位同学对疫情防控工作的支持与配合。

和很多同学一样，我也经历了从最开始面对每日新增病例统计数字的恐慌，面对一些“硬核”防护时的委屈，到收到很多许久未曾联系的好友问候时的感动，再到平静的居家坚守，再到乐观地居家学习办公。

同学们主动服从国家和学校的安排，主动每日上报平安，主动克服线上学习课程的困难，主动捐款支持疫情防控，甚至主动投身疫情防控志愿服务。当得知自己的母校华中科技大学，在疫情中牺牲较大，同时又是全国投入病床和医护人员最多的高校时，心中涌起心痛和骄傲并存的复杂情感，这一切正是同学们在“一线”之外的战场共担风雨的最真实写照。

网上流传一句话，17 年前全世界守护“80 后”“90 后”，17 年后换“80 后”“90 后”守护全世界。作为“95 后”“00 后”的同学们，若干年后祖国如若再次面临“大考”，大家能交上一份怎样的答卷？从突如其来的疫情之中，同学们又有哪些思考，去实现自身的价值，获得人生的成长？

苟利国家生死以——保持爱国情怀。我们为谁而学，为何而学？

---

① 赵帅：男，华中科技大学管理学院辅导员。

为天地立心，为生民立命，为往圣继绝学，为万世开太平。爱国是人世间最深层、最持久的情感。疫情封城期间，全国上下展现了中华民族无比坚韧、自强不息的民族精神，展现了中华儿女身上的心有大我、至诚报国的爱国情怀。武汉是一座英雄的城市，打响过辛亥革命第一枪，迎战过1998年的特大洪水，打上武汉印记的我们，一定也会在关键时刻，豁得出来、顶得上去。

雄关漫道真如铁——保持奋斗精神。在这场疫情当中，我们见证了中国精神、中国力量、中国速度，见证了一个强大而又负责任的中国。但不可否认，疫情中的“救命神器”ECMO、芯片核心制造装备“光刻机”等核心技术仍然存在短板，等待着我们去攻克。一代人有一代人的长征，一代人有一代人的担当，我们肩负实现中华民族伟大复兴中国梦的历史使命。同学们要坚信知识就是力量，尊重科学、崇尚科学，学好专业知识，练就过硬本领，最终才能实现个人理想，为社会发展做出应有的贡献。

忙趁东风放纸鸢——保持充实有趣。近日重读蔡崇达的《皮囊》，愈发感到，真正在生命里披荆斩棘的，不是皮囊，而是灵魂。在网络上，金句频出的张文宏医生给了无数人力量，众多网友在居家期间，厨艺、才艺等技能得到了极大的激发，让原本枯燥的居家生活变得丰富和有趣。丰子恺说：高级的成熟，是保持一份童真。如果居住地的疫情防控允许，学习之余趁着东风，到人不多的空旷地带，放飞承载着希望的风筝吧。

同学们，春天已经到来，决胜的号角已经吹响，等到山河无恙，我们喻园相见。

用“四力”去迎接明日的曙光

姜波[①]

2020年注定是不平凡的一年：上半年，新冠肺炎疫情爆发，学校停课，工厂停工，高考延期；下半年暴雨连连，洪灾肆掠，危情不断。与此同时，中美贸易战的大火由贸易领域烧到了科技领域，华为、Tiktok、腾讯等科技企业受到美国政府的打压，中美脱钩的言论甚嚣尘上。这些突如其来的“黑天鹅”事件和“灰犀牛”事件给2020年蒙上了一层阴影，也给我们的未来带来了许多不确定性。作为年轻一代的大学生，我们生在其时、重任在肩，在这不确定性中必然要经历风雨的考验。对此，我们应当保持定力、保存体力、保证学力、保有战力。

一、保持定力

一个国家的发展总会经历许多曲折，一个人、一个企业的成长总会遭遇许多磨难。在曲折和磨难面前，最需要保持定力。定力既是一种冷静睿智的战略思维能力，也是一种坚定沉着的战略行动能力。一个国家保持定力，才能披荆斩棘，砥砺奋进；一个人、一个企业保持定力，才能从容不迫，行稳致远。因为保持定力，中国虽受到西方某些别有用心的人的造谣和抹黑，但始终不改大国气度，坚持以事实为依据，用真相去粉碎谎言。因为保持定力，金银潭医院院长张定宇身患渐冻症却临危不乱，坚守抗疫第一线，冲锋在前，为患者、为社会燃起希望的火把。因为保持定力，华为公司在美国政府一次次的打压

① 姜波：男，华中科技大学光学与电子信息学院辅导员。

之下，仍能有理有节，步步为营，屹立不倒。走过2020年，我们更应该懂得，保持定力是一种格局与智慧，是一种成熟与担当。在接力实现中华民族伟大复兴中国梦的征途中，我们作为大学生尤其应该具备这种品质。

二、保存体力

2020年让我们看到，在灾难面前，生命竟是如此脆弱。金钱、权力、名望在生与死之间轻如鸿毛。作为年轻一代，我们要爱惜身体，科学规划时间，少熬夜，多锻炼，养成良好的作息习惯，保存体力，蓄积能量，拥有健康的身体，让自己免遭疾病侵袭。这是对自己负责，也是对家人负责。我们敬仰那些在疫情中用自己的生命去挽救别人生命的人，我们也感恩各行各业中为了他人岁月静好而默默负重前行的人。我们也常常在各种场合学习他们当中一些人的先进事迹，而要成为他们，除了要具备服务他人的奉献精神外，还应拥有服务他人的体力。我们的身体就像一块蓄电池，平时需要多养护它，要及时给它充电，这样才能在需要高强度放电的时候不出现心有余而力不足的尴尬。加强锻炼，保存体力，是为了时刻准备着担当大任，是为了能为祖国更好地做贡献。

三、保证学力

面对未来的不确定性，我们应保证学力，养成终身学习的习惯。习近平总书记曾指出：青年人正处于学习的黄金时期，应该把学习作为首要任务，作为一种责任、一种精神追求、一种生活方式，树立梦想从学习开始、事业靠本领成就的观念，让勤奋学习成为青春远航的动力，让增长本领成为青春搏击的能量。今天的中国已不是一百年前那个“放不下一张安静的书桌”的年代，我们无论是居家学习还是身处校园，不用担心防空警报突然响起，不用害怕门前突然有炮弹落下，不用忧虑明天会不会饿死。我们不可辜负这个时代的静好，应珍惜时光，把握大好青春年华，到知识的海洋中翱翔，到真理的宇宙中求索，不断增强自己的学识和本领。在学习书本知识的同时，我们还应躬身实践，在行走的万里旅途中认知国情、民情、社情，认识到时代赋予我们的使命与责任。保证学力，不仅要把论文成功发表到学术期刊上，更要把论文写在祖国大地上。

四、保有战力

面对未来的不确定性，我们还应保有战力，敢于斗争。2020年，我们看到了善良与邪恶、崇高与卑鄙、真相与谎言、勤奋与庸碌、担当与逃避。这才是真实的世界，它也许有一些问题，不够完美。身在其中，在享受它带给我们的美好的同时，我们应该保有战力，与身边的邪恶、卑鄙、谣言、庸碌和逃避划清界限，与身边的不合理作斗争，而不是抱怨。“这个世界不缺完美的人，缺的是从内心发出的真诚、正义、无畏和同情。”人是社会动物，没有谁能够独善其身。遇到寒冷时，我们应一起抱团取暖；身处黑夜中，我们要尽力发出亮光。一个人的温度容易被寒风吹散，一群人的温度却能融化冰山。一个人的微光传递不了几米，亿万星火集聚却能跨越光年。岁月的砂轮终将磨平我们的棱角，但抹不掉我们心中是与非、白与黑、明与暗的标准。现在或未来哪天，当这个社会需要我们发声的时候，我们应该选择发声；需要我们站出来的时候，我们应该大胆站出来；需要我们行动的时候，我们应该坚决行动。让我们成为战士，一起去守卫这个世界的善良、崇高、真相、勤奋和担当。

因为充满不确定性，所以需要我们认真面对；因为充满不确定性，所以未来才如此可期。让我们用良好的定力、充沛的体力、扎实的学力、坚强的战力在这不确定性中去迎接明日的曙光！

这些偶像教会了青年们什么？

潘欣[1]

谁是你们的偶像？每个大学生应该都会有自己崇拜的偶像，每个时代的人也有自己的偶像，从董存瑞、雷锋，到钱学森，再到“四大天王”和周杰伦……到了思想观念多元的“90后”“00后”一代，这个问题已再难有统一的答案。

在不同寻常的2020年，我们看到不少闪光的个人和群体，宛如星辰一般散射着光辉，成为最值得我们追逐的那颗“星”。一批像钟南山院士和李兰娟院士这样的最美逆行者和医学追梦人毫无疑问成为新时代的“全民偶像”。当然，在我们身边还有许多这样的人，警察、社区工作者、清洁工、出租车司机……不同的职业，不同的身份，他们心中有信仰，肩上有担当，脚下有力量，逆向而行，与病毒较量，为生命站岗，这些偶像都是我们学习的榜样。

偶像教会我们要有过硬本领。在灾难面前，医护人员、科学家、科技工作者运用科学知识、技术手段从治疗、疫苗研制、防控、物资调配等方面开展了一场高科技的防疫阻击战。从高科技的医疗器械到人工智能、大数据分析在疫情中的广泛应用，事实再一次验证了科技是社会发展的第一生产力。专家们的献言献策以及他们深入疫区救死扶伤，依靠的不仅是他们敢为人先的勇气和先天下之忧而忧、后天下之乐而乐的情怀，更是他们常年在医疗战线及科研工作中的积累和所练就的过硬本领；火神山、雷神山医院在短短几天之内拔地而起，依靠的不仅是上千名工人、上万台机器，更是建造者在从业中积

① 潘欣：女，华中科技大学电子信息与通信学院辅导员。

累的建造技巧和统筹能力。通过这次疫情,我们更能体会到习近平总书记对青年的期望:新时代青年要珍惜韶华、不负青春,努力学习掌握科学知识,提高内在素质,锤炼过硬本领,使自己的思维视野、思想观念、认识水平跟上越来越快的时代发展。青年是苦练本领、增长才干的关键时期,不论是成就自己的理想还是勇担时代的使命,青年都需要努力学习科学知识、提高自身素质、练就过硬本领。

偶像教会我们要有正确价值观。习近平总书记在北京大学师生座谈会上谈到:青年的价值取向决定了未来整个社会的价值取向,而青年又处在价值观形成和确立的时期,抓好这一时期的价值观养成十分重要。这就像穿衣服扣扣子一样,如果第一粒扣子扣错了,剩余的扣子都会扣错。人生的扣子从一开始就要扣好。这次疫情无疑是对青年价值观的一次洗礼,国家危难之际更能体现国民价值观的重要性。价值观承载着一个民族、一个国家的追求与希望,青年的价值取向更决定了未来整个社会的价值取向。在各种价值观交互碰撞的今天,新时代青年应该明辨是非、自立自强、百折不挠,拥有属于自己的理想和目标。因此,新时代青年应该树立和践行正确的价值观,扣好人生的第一颗扣子。

偶像教会我们要有使命与担当。在这次疫情中有着逆行而上、不畏生死、不计报酬的医护工作者、公安干警和社区工作人员,也有着平凡的志愿者、建筑工人、清洁工和快递小哥,他们是父母、是儿女、是妻子、是丈夫,在危难之际他们挺身而出,义无反顾地奋战在抗疫一线,他们承担起了救死扶伤、维护社会稳定的使命,他们坚守在各自岗位上,舍小家、为大家,这无疑是一种担当!“志不立,天下无可成之事”,习近平总书记勉励广大青年“立鸿鹄志,做奋斗者”。青年学生正是海阔凭鱼跃、天高任鸟飞的时候,历史赋予使命,时代要求担当,青年学生应该将个人的事业发展与国家的命运结合起来,勇担时代使命,做中国特色社会主义事业的可靠建设者和接班人。

哪有什么岁月静好,只不过是有人在替我们负重前行。中华民族一直都是一个英勇的民族，在历史的长河中涌现了无数英雄，他们的名字被世人铭记，他们的精神被世人传颂。新时代的全民偶像展现出最朴素最伟大的精神、彰显出最持久最伟大的力量，需要广大青年将这种力量转化为行动自觉，以高度的责任心和强烈的使命感凝聚起磅礴力量和坚定信心，在为人民服务中茁壮成长、在艰苦奋斗中砥砺意志、在实践中增长才干。

传递好英雄的接力棒

夏述旭[①]

窗外已是阳光明媚，桃花的含苞待放像是在诉说着蓄势待发，迎面吹来的风也不再寒冷，仿佛预示着春天的到来。目前国内疫情趋向平稳，专家称疫情基本得到控制，疫苗也在紧锣密鼓地研发。前几天，我所在的党支部召开了本学期第一次线上党组织生活，就疫情相关情况进行了充分的学习讨论，通过习近平总书记的讲话和一个个感人又温暖的故事，大家体会到了民族的团结，也感受到了我们国家的强大，同时看到了中国特色社会主义制度的显著优势。也正是因为中华民族是有担当、有奉献精神的民族，全国人民众志成城，才能建起抗击新冠肺炎疫情的一堵高墙。他们，都是英雄。

一、中华民族是英雄的民族

一个民族和国家最可贵的英雄品质就是在患难面前挺身而出、在困苦中间团结奋进。中华民族一直有“共克时艰、同舟共济”的品质。1998 年抗洪，泡在洪水里十几个小时的人民子弟兵毅然坚守；2003 年非典，全国医护人员倾情守护；2008 年汶川地震，举国上下紧急驰援……中国历史上这样的“逆行”比比皆是。

“疫情就是命令，防控就是责任”。驰援武汉的号召发出，全国各地积极行动起来。重庆 102 家医疗机构派出 1636 名人员、山东省派出 3 支医疗队共 698 名医护人员，江苏赴鄂支援医疗队 3 小时集结完毕，“北协和、南湘雅、东齐鲁、西华西”抗疫王炸组合齐聚武汉……

---

① 夏述旭：男，华中科技大学法医学系辅导员。

这些鼓舞人心、不计生死的逆行，深刻诠释着中华民族的英雄品质。

二、英雄的民族有英雄的人民

危机既是危险也有机遇。武汉市金银潭医院院长张定宇、“国士无双”的院士钟南山，还有众多驰援湖北的白衣天使们，他们战斗在抗疫一线。在抗击疫情过程中，他们承担着身体、精神等多个方面的压力，而在高压之下还要用尽全力在死神手中抢出病人。可以说每日公布的治愈数字上的每个“1”都凝结着数不清的努力和汗水，他们无愧于英雄二字。

当然，战斗在抗疫一线的不仅仅是医护人员，阳光乐观、积极配合、相互鼓励与共同的“敌人”——病毒周旋的患者们更是英雄。很多患者还在出院时进行了血清捐赠，这也是抗疫的一份重要力量。无偿捐献遗体的新冠肺炎患者也是英雄，对于这样的奉献，只有尊重和珍惜才是最好的回报。

相信大家也关注到了，疫情发生以来，“封闭管理”“方舱医院”“火神山、雷神山医院”等中国速度和中国制造的奇迹都将永垂史册。这些都是一个个敢于奉献、勇于承担的鲜活生命完成的，他们也是时代的英雄。他们是雷神山、火神山医院的建造者，是负责安保、买菜送货的社区网格员志愿者，是海外想尽办法为抗疫筹集资金、购买物资的校友，是在实验室不吃不睡进行研究的专家，是为解剖病人尸体确认死因和致病机理的法医，是为全国人民进行宣传报道的前线记者，是为抗击疫情做出牺牲的所有人，当然还应该包括默默支持一线医护人员的丈夫、妻子、孩子和父母，他们同样了不起，抗疫战场上他们的支持必不可少。因此，无论我们身处何方，都能为抗击疫情贡献自己的一份力量。

三、英雄的人民传承英雄的精神

全国人民共抗疫情的英雄精神涵养在抗击疫情的奋斗中，也流淌在一腔腔热血中，必将成为我们成长的催化剂。虽然有些英雄的名字可能不会被铭记，但是英雄的精神总会被传承。2020年央视元宵晚会诗朗诵《相信》中有这样一句话：非典时你们保护“90后”，这次换“90后”保护你们，我们“90后”成长起来了，抗击疫情该是我们的使命。新时代的接力棒在我们“90后”的手上，但是不久的将来它也会自然而然地交给现在的“00后”“10后”。

我们不一定要多么伟大，但是一定要足够善良。善良到理解每个人的艰辛、体察所有人的付出、敬畏前辈人的勇敢、肩负当代人的责任。疫情也擦亮了我们所有人的眼睛，激励着我们前行。当下的我们应该以舍我其谁的担当和时不我待的紧迫，把握好有限的时间，不断积蓄我们这代人的能量。让自己足够强大，强大到当未来再有困难来临，我们都可以自信而骄傲地说出那一句：“别担心，我先上！”

没有一个春天不会来临，2020年的春天也是如此。虽山川异域，但风雨同舟，待到春花烂漫时，喜笑齐聚江城里。

第三篇

求真·锤炼过硬本领篇

习近平总书记多次鼓励青年追求梦想、努力奋斗，“青年最富有朝气、最富有梦想”“中华民族伟大复兴终将在广大青年的接力奋斗中变为现实”，引导青年大学生“扣好人生的第一粒扣子”尤为关键，高校要努力引导青年大学生坚定理想信念、矢志拼搏奋斗，开展深入指导，合理规划大学生活。

在这一篇，通过《我们究竟在大学“学”什么？》《实习和考研不可兼得？——和考研小伙伴们说说心里话》《专业认知：我的大学我做主》《“快”时代，“慢”生活》《把工作做在学生的心坎上》《立足五“度”，助力就业服务“最后一公里”》《学业发展的“志”与“智”》等文章，从不同角度指导青年大学生成长和发展，帮助青年大学生合理规划大学生活。

辅导员应成为学生的人生导师，在帮助学生成长和发展上给予科学化、规范化的指导。在这一篇，围绕学生发展的关键问题、共性内容，从学业辅导、心理疏导、就业指导等多个方面开展指导，帮助学生做好学业规划、职业规划。通过个性化指导，帮助学生合理安排自己的学业和生活，做好时间管理和发展规划，做好道路抉择和人生规划。

我们究竟在大学"学"什么?

萧珺[①]

在进入大学前,你对大学有着怎样的憧憬?是青年园的琅琅书声,还是自习室的沙沙笔声?是上课时的全神贯注,还是下课后的激烈讨论?

充满书香气息的大学校园,本应遍地刻满了学习的印记,处处洋溢着对知识的渴求。但不知从何时起,"一天一门课,一周一学期",从同学们口中的玩笑,变成了部分同学的实际行动;"真题在手,考试不愁"让任课老师困扰不已,也让过于迷信真题的同学意外体验了挂科的苦涩。甚至有学长告诉学弟,大学的课程随便学学就好了,反正毕业后也用不着。

那么,所谓大学,到底是"学"什么?

一、构建知识结构,让你的知识有章法

有人说,大学的课程内容太多太杂,一学期十门课,既学不深,也难学精。其实,教育部在新时代全国高等学校本科教育工作会议上提出的"本科教育是根",就能很好地解决这个困惑。

大学本科是高等教育中的基础教育,主要是为同学们的进一步深造打下坚实的基础。就像一棵大树,只有根扎得足够深、足够广,才能无惧风雨。高中时,我们只学习九门基础课程,但是大学里,课程就像纵横交错的树根,既有决定扎根深度的基础通识课,也有决定扎根广度的专业核心课。这些课程交织起来,在我们的脑海中,最终

① 萧珺:女,华中科技大学电气与电子工程学院辅导员。

形成一个有体系的知识结构，结构中的每门课程都有其特定的作用与目的，即使课程再多，也并非杂乱无章，而是有章可循。

而且，正如树根随着大树的生长，会逐渐变得错综复杂，让大树能够对抗更大的风雨，随着学习的逐步深入，知识结构也会变得更加完善，让你有能力解决更艰深的问题。

二、打通“任督二脉”，让你的知识会迁移

除了抱怨课程多，同学们最常见的困惑就是，这门课学了到底有什么用？即使是看起来和应用结合最紧密的工科，在现实中似乎也很少会直接用到书本上的知识。

学习知识，不仅仅是学习知识本身，还需要学会将不同知识融会贯通。

有的时候，同学们会觉得，在学完了一门课后，对另一门课的理解似乎更深刻了，这就是通过知识的迁移，让知识与知识间产生了关联。比如，有名同学曾经和我说，在学习电路理论课程的最后两章时，有个等效公式始终学得云里雾里，但后来学了电磁场的课程，再回顾这些内容，才有恍然大悟的感觉。

还有的时候，在生活中遇到的问题，也可以用课本里的知识来帮助我们进行辨析。马克思主义原理虽然不像公式和数字那样具体，但课程里教会我们“辩证地看待问题”“透过现象看本质”。这些看起来只是停留在纸面上的大道理，在我们遇到网络上一边倒的声音时，在我们面对纷繁复杂的信息时，都能给予我们极大的帮助和力量。

三、科学合理批判，让你的知识能升级

从小到大，我们都习惯了有标准答案的生活，但是从踏入大学的这一刻起，标准答案不复存在。不断发展的科技，飞速迭代的知识，让我们面对的很多问题的答案都随之不断变化。拥有批判性思维，

有助于教会我们用探究的眼光看待事物，用独立的思考寻求问题的答案。

合理批判不等于抬杠，而是虚心地接受不同的观点，理性地吸收知识，去粗取精。合理批判，是当我们有困惑、有疑问的时候，能够主动查阅资料，通过思考，从而找到正确的答案。当我们能够自主、理性地进行科学探究时，世界的一方天地会变得无穷大，而我们个人的知识体系也能够不断更新升级。

1931年，梅贻琦出任清华校长时，在就职演讲中提出，“所谓大学者，非谓有大楼之谓也，有大师之谓也。”

新时代的大学生，在大学的象牙塔里，所能做的，绝不是简单地学习知识而已。更重要的是学会如何成为更好的人，成为拥有渊博学识的人，成为能够独立思考的人，成为对社会有贡献、有担当的人。

实习和考研不可兼得？
——和考研小伙伴们说说心里话

李悔[①]

亲爱的同学们：

最近过得怎么样？我想应该都很充实吧！

昨天我在医学院监考结束后，在教学楼下遇到小杰（化名），只见她行色匆匆，见到我之后害羞又支支吾吾地说着要去自习室考研复习。是啊，原来本该实习的时间她却没有到科室，所以见到我时，她有一些惶恐和害羞吧。这也让我想到最近实习考勤不太理想，想必不少同学也是“翘实习”去准备考研了！

其实，我特别理解你们，不是你们不想实习，只是你们担心如果将黄金复习时间放在实习上，可能会影响考研复习进度，让自己无法在激烈残酷的竞争中通过笔试入围复试。但同时，我又觉得很可惜，临床实习是我们医学生将理论应用于实践，并在实践中训练和提高临床技能的关键阶段。更何况，我们能够在协和、同济两所医院里进行自我提升与塑造，是非常宝贵的机会。如果因为考研而耽误实习，实在得不偿失。

所以，我想和大家聊聊。“实习”，必得；“考研”，可得。关键看我们如何从战略和战术上实现鱼与熊掌兼得！

一、有的放矢，当好“人生规划师”

“运筹帷幄之中，决胜千里之外。”面对“时间打架”的实习和考

---

① 李悔：女，华中科技大学第一临床学院辅导员。

研，我们是不是可以重新梳理一下那些让自己焦头烂额的事情，带着对自我的全局规划进行阶段性和日常性的学习安排呢？

由于政策的变化，专业型硕士和学术型硕士在培养方式等方面都有不同，你是否有所了解？考试大纲、命题特点、考研热点的变化，你是否及时关注？还有个人未来职业愿景、自身学习兴趣、性格特点、家庭情况等方面，你是否深度剖析？你是否尝试用 SWOT 理论对考研进行分析，做到有的放矢呢？

现在想必大部分同学应有目标学校和专业了。因初试是统考，可能也有同学暂时还没有做好选择，那可以直接拿分数作为“猎物”，分数越高主动权越大。总分是各科累加得来，那么就可以对自己的西医综合、英语、政治进行分割，每科的定位是多少，各科又可再进行细分。通过巩固强项、提高弱项等战术累积性地提高总分，提高自身竞争力。

二、提高效率，当好“时间管理师”

我知道，有些同学总觉得好多内容要复习，时间不够用。鲁迅先生曾说过：时间就像海绵里的水，只要愿挤，总还是有的。如果在实习期间，我们见缝插针，好好利用碎片时间，就会拥有更充足的时间。

周一至周五的实习时间里，我们可以在早晨用 0.5～1 小时背单词、看错题集和学习笔记。利用实习间隙和午休期间的碎片时间，使用随身记忆的小本或者把参考书内容做成思维导图的形式，进行模块化记忆。等到晚上有完整的 3～4 小时，可集中精力进行各科目复习内容。晚上睡前或早晨起床前再花上一点时间将一天的内容“电影”般回放。这样循环下来，需要背记的内容就在记忆中生根发芽了。

那么算一算，我们也能保障每天有 6 小时的复习时间。而注重提高这期间的学习效率，比投入的时间长度更重要。只要坚持下去，定能水滴石穿。

另外，碎片化学习也要遵循劳逸结合的原则，不能一直学习，要在适当的时间放松。比如在饭后散步，与家人朋友打个电话，周末约舍友看部轻松的电影、吃顿饭等。如果把碎片时间都塞满了复习，满脑子都是英语、西医综合，不仅不会取得好的效果，反而容易适得其反，使人更快透支“战斗力”。

三、调整心态，当好“心灵工程师”

考研期间，我们可能也会遇到很多烦心事，产生一些不良情绪。比如看到其他同学的复习状态很好而产生心理落差，担心平时成绩不好考不上而产生紧张感。莫要对比，莫因对结果未知而怀疑现在，这些只会徒增烦恼和压力，严重者还会影响复习效果，于事无补。让我们以一颗平常心待之，多给自己一些鼓励和信心，让压力适可而止，以最好的准备做好最坏的打算，还有什么接受不了的呢？

我们也可以试着对实习持有包容态度而非排斥感，不要让“实习和考研复习不可兼得”的刻板印象先入为主。坦然接受我们必须要完成的实习，毕竟都是为了自己综合能力的提高，这些眼下的“无用”往往都是在淬炼自己的“有用”。

此外，如有“研友”也是幸事。有相互信任的同学一起备考，同甘共苦，在准备中相互鼓励、相互帮助，会激发彼此的正能量。如果孤军奋战也无妨，但这就需要你有良好的心态和顽强的毅力，为了考研全力以赴。

毛泽东曾把开展工作比喻为“弹钢琴”，他精辟地指出：弹钢琴要十个指头都动作，不能有的动，有的不动。但是，十个指头同时都按下去，那也不成调子。要产生好的音乐，十个指头的动作要有节奏，要互相配合。这是“弹钢琴”的真谛，也是我们平衡好生活、学习以及各项工作的真谛。平衡好实习与考研，也是不断刷新自己、提升自己的过程。

好了，和大家聊这些，并不是责备你们忽视纪律、否定你们付出努力，我更希望能够帮助你们整理当下焦虑的思绪，为你们鼓劲加油。要相信，现阶段的际遇只是成长过程中遇到的路口之一，以后还会有更多三岔路口、十字路口，会有更多的两难选择甚至多难选择摆在你们眼前。慢慢学着去平衡好自己成长、发展过程中的“鱼”和“熊掌”吧，你们一定可以成为自己的快乐大赢家！

永远支持你们的“导儿”！

专业认知：我的大学我做主

肖宇晨[①]

对各个专业进行调查是同学们在填报志愿前必做的准备工作。然而由于对自身认识的不足、对热门专业的跟风以及志愿被调剂等原因，同学们在进入大学以后并不一定能进入一个真正适合自己的专业。尤其是对于华中科技大学的同学们来说，常常存在着幸福的烦恼：华中科技大学的同学们在大一、大二期间有多次重新选择专业的机会，合理地进行专业选择变得十分重要。只有正确认识到自身的特点，深入了解各专业的学习内容、培养目标，才能更好地进行专业选择。

一、端正专业选择心态

许多同学在专业选择过程中，存在着盲从行为。主要是因为在进行专业选择时缺乏对专业的了解。要更好地做出专业选择，首先要科学对待大学排名和专业排名。学校之间、专业之间的比较存在局限性，不能只凭排名来对专业进行选择。2019 年，在软科等三份大学排名中，华中科技大学在中国内地分别位列第 7 名、第 9 名和第 10 名。对比三份不同的大学排名，前 10 的学校基本相同。除清华大学、北京大学一直占据各类中国内地高校排行榜的前两名外，其他学校的排名每年都会有微小的变动，这意味着排名相近的学校之间实力差距并不是很大。根据软科大学排行榜的评价体系，科研成果、生源质量占据相当重要的分量。其中，科研成果是针对老师和研究

① 肖宇晨，男，华中科技大学船舶与海洋工程学院辅导员。

生的科研水平进行的评价，重点考量科研项目、科研获奖、科研人才等方面。生源质量方面最重要的指标是新生高考成绩，这反映了社会对学校知名度、声誉、实力各方面的综合评价，涉及的因素很复杂。对于本科学习来讲，影响较大的是学生个体之间的差异。

其次，专业分数线与专业实力之间不能完全对等。专业分数线和学校分数线不一样，波动更大，因为专业分数线是录取进该专业最后一名的同学的分数，有可能今年某个专业非常热门，高分考生报考特别多，分数线上升，也有可能这个专业到了第二年因为形势变化，高分考生报考少，分数线又降低。然而无论分数线怎么变动，这个专业的实力在短期内的变化是很小的。专业实力和专业优劣也是不一样的概念，不同专业之间是很难比较的。

二、明确专业选择目标

同学们选择一门专业进行学习的最终目标是提升能力，而不是进行岗位培训。大学教育和职业教育有着根本区别，山东蓝翔工程机械学院的培养目标很明确：培养能独立上岗、熟练操作施工的技能人才。关键词是熟练操作施工。华中科技大学船舶与海洋工程学院属于机械大类学科，其培养目标是：有较高的外语水平，可从事船舶与海洋工程领域的科学技术研究、设计开发和生产管理等工作的高素质、创新性、复合型人才。关键词是科学技术研究、设计开发和生产管理。既然如此，在进行专业学习的时候首先需要培养的就是综合素质和思维能力。大学学习的微积分，是300多年前提出的理论，有同学感慨：我从小学学到大学怎么还在学300多年前的知识。也有同学问：我现在学习的一些知识以后工作了之后可能根本就用不上，学习还有什么意义呢？同学们要知道，微积分体现的思想——将宏观现象用微观解释，将有限变为无限——可极大提升人的思考境界。另外，学习微积分过程中养成的学习习惯，总结的学习方法，可以适用于任何一门课、任何一项知识，这是终身学习的第一步。

三、找准专业选择方向

选专业的时候，热门专业是绕不过去的一个名词，比如现在的计算机专业。然而10年前，计算机专业远没有现在这么热门，那时候iPhone 4s刚发布没多久，移动互联网刚显露出冰山一角。此后极短的时间里，智能手机完全淘汰了功能手机，将移动设备的技术水平推进到了一个新的高度。再加上2013年底中国4G网络正式商用带来的网速跃升，从那时开始，移动互联网开始高速发展，直到今天。任何行业都是动态变化的，现在随着互联网相关专业的大规模扩招，可以预见未来计算机专业的就业竞争会越来越激烈。那么，当进行就业选择的时候，要考虑什么因素呢？其实这个问题非常复杂，每个人有每个人的解决方案。找工作之前考虑再全面，当真正确定就业单位的时候又会是另一番情况。每个人对于自己人生中的第一份工作都有自己看重的点，比如说薪资待遇、职业发展、工作性质、工作地点等，不能简单用薪水的高低来衡量职业的高低。

专业认同感是专业学习行为产生的基础，同学们对自我的认知和对专业的认知极大地影响了自身对专业的认同感。许多同学在专业学习方面存在学业规划欠缺、学习被动、专业实习和实践参与度低等问题，这与自身对专业认同感偏低有直接的关系。相信通过深入的了解和独立的思考，每位同学都能找到自己最认同、最热爱的专业。

“快”时代，“慢”生活

蔡海洋[①]

要说现代生活的节奏快不快，我觉得挺快的。时速超过 200 千米的高速铁路网遍布全国，最高可以体验到 350 千米的时速。得益于移动互联网时代，可以瞬间通过网络“穿越”到世界各地，5G 网络甚至会带来“龙卷风”般的速度体验。买东西也有“秒杀”，可能一眨眼的工夫，想买的商品已经立马被手快的顾客抢购一空……

的确，21 世纪的前 20 年，对于中国来讲是快节奏的 20 年。在 21 世纪初，我国加入了 WTO，经济发展迅速进入快车道。同一时期，互联网在中国落地生根，迅猛发展，并基于信息传播，逐步延伸到社交、娱乐、电子商务等领域。现在，互联网已经渗入人们生活的方方面面——移动支付、共享经济、互联网＋……

科技的进步、社会的发展，使得快时代来得不知不觉、快节奏变得理所应当，我们习惯了每天浏览短视频、短新闻、短故事、短消息、短咨询。特别是基于移动互联网的智能手机，取代了报纸、杂志、现金、相机等功能，甚至取代了我们慢下来的耐心、取代了沉下心的思考、取代了身边的朋友。

我想，在这样的快时代里，我们也要学会慢下来生活。

试着慢下来思考。快节奏的生活中留给自己的往往是碎片化的时间，我们也习惯了在碎片化的时间中获取信息、偶尔思考，甚至这也使得我们忘记思考本身。比如在微博和微信公众号上对于时政热点的评述与解读非常火，也是读者喜闻乐见的题材。而这些内容往

① 蔡海洋：女，华中科技大学土木与水利工程学院辅导员。

往是让我们了解别人的思考，久而久之就会习惯于主动或被动地接受他人的思考成果，从而忘记了自己去思考。

思考本是生活中十分美好的事情。我思故我在，因为思考所以存在，因为存在所以思考。我们可以慢下来，每天给自己一点思考的时间，不匆匆忙忙、不慌慌张张，不是为了完成任务，而是为了从容不迫地思考人生、思考自然、思考自己的梦。

试着慢下来学习。如今我们不仅吃的食物是快餐，“吃”的知识也经常是快餐。学习这件事同样被赋予了快节奏，快速入门、快速记忆、各种速成班……学习的时间被压缩，对学习结果的重视远大于过程。还比如大家复习时的临时抱佛脚、交作业前的疯狂补齐、考试前的临阵磨枪……

然而，我们从小就知道学习是没有捷径可走的。你一定记得苏轼写下的“博观而约取，厚积而薄发”；你也一定记得《荀子·劝学》中的“故不积跬步，无以至千里；不积小流，无以成江海”。扎实的学术水平是完成好学业、未来走向社会的良好基础，这不仅要靠认真，更要靠一点一滴的积累。所以，慢下来，请舍得在图书馆、自习室投入足够的时间和精力，发现书本中的美，汲取精神食粮，一步一个脚印在学术的道路上前行。

试着慢下来感受生活。走在路上，行人脚步匆匆，不做过多的停留；到了要吃饭的时间，满街都是送快餐的外卖员；我们谈论着新鲜的热搜，已经记不起一分钟前的新闻。生活好像总是如此匆忙和紧迫，就这样不停更替日复一日。我们好像被仓促的人流裹挟着上路，慌慌张张朝着大家口中的“好生活”奔去，一路上来不及感受，也不敢停下来体会。

你是否还记得生活本来的样子，质朴厚重又真实的样子？不妨多花些时间和父母促膝长谈，花些时间记录下成长的样子，花些时间约上朋友一同感受大自然的魅力，花些时间仔细看看心爱的人的模样，再花些时间细细体会世界的美好。当你慢下来感受生活，你一定能体会到那些被我们熟视无睹的人生道理。

生命如同一场旅行，在瞄准目的地的同时，也别忘了好好欣赏沿途的风景。不要因为跑得太快而忘记了为什么上路。慢下来，沉住气去思考，耐下心去学习，放下心去感受生活，日积月累，一步一个脚印，才能扎实地、坚定地奔向远方。

把工作做在学生的心坎上

柴鹏俊[①]

新冠肺炎疫情是全世界的一次劫难，经过全国人民英勇抗击新冠肺炎疫情的战斗，中国已经逐渐重启，回归常态，有些想法想要和大家分享。

一、融入学生，是要永远坚持的事情

辅导员工作面向的主体就是学生，关心爱护学生是我们工作的重要部分。在人民军队中有句话："前线在哪里，连队就在哪里，连队在哪里，党支部就建到哪里。"这体现了党对人民军队的绝对领导。那么我想类似的，学生关心哪里，辅导员就应该在哪里，如上文谈到的抗击新冠肺炎疫情的战斗，辅导员应该及时地对学生加以引导，予以相应知识的补充，开展相应的主题班会等。应该及时地在同学们喜欢使用的社交软件上建立相应的账号，把宣传的阵地建立在同学们所在的地方。以微博和哔哩哔哩网站为例，如共青团中央、清华大学、北京大学等账号，时常通过这些渠道进行消息的推送，此类消息在这些网站中占有相当的比例；如各地警务部门，会通过这些渠道，使用新形式做一些青年喜爱的科普、防骗内容；如部分高校教授，会通过这些渠道讲述自己的研究理论。这部分宣传阵地，学工战线有必要去占领。

二、正确引导，是要时刻关注的大事

在抗疫过程中，我们看到人民解放军听从指挥奔赴一线的整齐

① 柴鹏俊：男，华中科技大学数学与统计学院辅导员。

划一，也看到全国一盘棋众志成城抗疫的感人故事，党中央所系，即是人心所向。在网上浏览时，总看到有人感慨，现在的网络环境和十年前不一样了，大家都变得如此爱国，为现在的网络环境感到欣慰。诚然，中国与世界的差距在变小，强大的经济和军事实力保障了国家安全，但是也应该关注到，青年一代尤其同学们正是现在网络里红色浪潮中的一朵朵浪花。引导同学们树立四个自信、坚定理想信念、厚植家国情怀，是辅导员们的职责和使命。

三、学习知识，是提升进步的必由之路

学习不仅是学生的工作和任务，也应该是辅导员自我提升和进步的方式。疫情期间，可以看到有很多辅导员在网络中打卡，以自我学习的方式带动同学们进行学习。学工战线作为与学生接触最为密切的群体，其自身的表现很可能对学生造成深远的影响。我们既要学习新时代新形势下的政策，永远跟党走并将此类内容讲述给同学们，也要学习了解新时代青年们的思想情况，在结合自身情况的同时，做事更有方法；更要学习同学们喜爱的内容，尽可能融入学生团体并开辟新战线。

加强自身理论学习和实践，切实融入学生所关心的事件，加以合适的补充与引导，把工作做在学生的心坎上。在新媒体的网络环境影响下，辅导员既要拥抱新环境，加强对新形势的理解和掌握，也要稳住基本面，巩固对学生的引导和指导工作。新时代、新环境、新形势，就在我们手中。

立足五个“度”，助力就业服务“最后一公里”

黄静琦[①]

2020年注定是不平凡的一年，我们遭遇了新冠肺炎疫情、复杂多变的国际关系、持续加大的经济下行压力，就业形势愈发严峻。为了做好新冠肺炎疫情防控常态化下的大学生就业工作，辅导员是就业工作的重要一环，必须肩负起高校毕业生就业指导工作的重任。

一、加强力度，健全工作队伍保障

疫情防控期间，按照教育部、省教育厅以及学校就业工作部署，及时转变工作方式，积极采取有效措施，全力为毕业生和用人单位搭建就业服务平台，实现“就业服务不打烊，网上招聘不停歇”，积极应对新冠肺炎疫情，做好稳就业工作，切实保障毕业生身体健康和就业权益。为完成这一重大政治任务，落实就业“一把手”工程，华中科技大学光学与电子信息学院成立了以书记、院长牵头的就业工作专班，全体班子成员深入就业一线，开展就业指导、协调、推荐和兜底工作，真正抓紧抓实抓好，打赢就业攻坚战。同时，组建毕业生委员会，培训专门的就业工作学生团队，织密学院-年级-班级信息网络，将毕业教育与职业教育结合，深入传达到每一名同学。

二、拓宽广度，畅通就业信息渠道

用好网络这一信息主渠道，通过就业工作微信群、毕业生QQ

① 黄静琦：女，华中科技大学光学与电子信息学院辅导员。

群、学院网站等信息发布渠道，广泛收集就业信息，每日向毕业生精准推送。搭建网络平台，主动联系校企合作单位与校友企业，针对招聘需求向用人单位积极推荐，助力提高毕业生岗位适配度，为毕业生就业提供全面服务。

深入沟通，尽早掌握学生就业意向。以班级为单位建立就业动态统计和实时上报制度，针对考研、出国、就业、创业等不同意向，摸排毕业生情况，实时更新毕业生就业动态，每日汇总最新就业数据，每周更新年级就业情况。鉴于年级暂不就业拟升学学生占比较高的特点，组织开展暂不就业同学问卷调研，深入了解学生发展规划与意向，适时指导毕业生调整规划，解决其心理顾虑。

三、提升效度，培训学生求职技能

面对疫情期间复杂的就业形势，通过线上交流会、电话等多种形式加强与学生的信息交流，积极宣讲就业趋势与应对方法，帮助毕业生树立信心、明确方向。基于“停课不停学”的现状，开展简历制作、面试技巧等方面的专题培训，促进毕业生求职应聘能力不断提升。全面掌握毕业生就业、创业意愿与需求，在职业选择、生涯规划等方面给予毕业生针对性指导。

四、保持温度，重点帮扶不漏一人

按照就业指导“一生一策”原则，开展以精准推介、重点推荐、个性化辅导为主要内容的帮扶体系，强化对重点群体毕业生的就业兜底和清零服务。由辅导员牵头成立年级简历指导工作小组，一对一帮助学生完善简历，就业工作期间，指导修改简历70余份。针对疫情防控期间毕业生求职过程中可能出现的问题，依托学院学业发展与就业咨询工作小组，开通网上咨询通道，助力毕业生更好地走出校园。

在疫情防控常态化下，就业工作形势发生新的变化，对我们的就业工作提出了新的挑战。为了更好地应变，我们要始终坚持以价值为导向，加强学生自我认知，帮助他们树立正确的就业观念；坚持以服务为载体，搭建就业信息平台，提供高效优质的就业指导服务；坚持以学生为中心，及时适应疫情防控常态化下的就业工作开展模式，提高就业指导的专业化水平。在就业工作的多个维度上，持续发力和“做功”，打通就业服务的“最后一公里”，支撑学子们走出校园，放飞梦想！

学业发展的“志”与“智”

黄凯熙[①]

在可歌可泣的抗疫阻击战中，党和人民用行动向世人交了一份满意的答卷。作为华中大学子，我们应脚踏实地、仰望星空，用汗水浇铸学业，为中华民族伟大复兴贡献智慧和力量。

一、学子当立青云志

“为中华之崛起而读书！”1911 年，望着满目疮痍之家国，少年周恩来立下了如此宏伟志向。

一百多年过去了，中国早已不是当年那只任列强欺负的睡狮。在几代人的辛勤努力下，中华民族伟大复兴的梦想也离我们越来越近。而在国家高速发展的道路上，难免会有不怀好意的“拦路虎”。从中兴到华为再到字节跳动，在科技信息时代，国家与国家实力的竞争，实际上就是科技实力的竞争。而科技之争实际上就是民族之间青年学子比学习的竞争。

作为国家未来的建设者，我们应当做到以下几点。

理性认知，化情绪为动力。当今国际形势变幻莫测，我们不能“两耳不闻窗外事，一心只读圣贤书”，要做到“家事国事天下事，事事关心”。只有认清自己身负的责任与使命，才能在漫长求学路中保持初心，奋力前行。青年是热血的，但热血难免伴随着冲动。要正确管理情绪，拒绝做只在网络上义愤填膺的“键盘侠”，将家国情怀之大爱融入学习和生活，做有用之人。

① 黄凯熙：男，华中科技大学光学与电子信息学院辅导员。

客观分析，变被动为主动。受疫情影响，我们暂时只能在家中通过网课学习。从客观来讲，监管难度要比线下学习高，学习效率也可能比线下学习低。因此我们要制订翔实的学习计划，对自己的学习情况进行客观评估，查缺补漏。此外，主观能动性是影响学习效果的一大重要因素。疫情在家难免会有倦怠，但要做到及时调整状态，劳逸结合，以最饱满的精神状态充分利用学习时间。

二、基层长存育人智

"条条大道通罗马，但有人出生就已经在罗马了。"虽然这只是一句网络上的玩笑话，但依然值得所有教育工作者深思：如何更加行之有效地开展学业指导工作呢？

要知道，在学习能力构建体系中，顶层设计决定了整体的学习效果，更何况现在处在疫情防控常态化时期。如何进一步提升高等教育质量，完善人才培养模式，有针对性地制定帮扶策略，并构建基于院系的分级学业指导体系，全面提高学业指导的全面性、精准性、高效性，是非常有研究意义的课题。

在这里，我浅谈几点华中科技大学光学与电子信息学院在学业指导工作方面的思路与举措。

首先是明确"点-线-面"这一学业指导的基本思维框架。学生是"点"，院系或者学校层级的学业指导是"线"，而家-校联动机制带动的学业指导框架网才是所有教育工作者最终追求的"面"。

那么如何由点及线，最终实现面上全覆盖呢？精准、分级、发动群众是必不可少的。

首先要做到精准，筛选出不同类型的学生，建立不同的档案，包括学业预警档案、综合能力提升档案、专业素质培养档案等，根据不同学生的需求，去建立专业化的指导服务平台。在疫情期间，我们通过学业预警档案筛查出几十名学生，对他们进行了个性化的帮扶，保障他们顺利度过这段困难的时期。

其次要分级，不同类型学生的需求是不同的。有10%的学生需要的是针对性的课程辅导，帮助他们顺利完成求学之路；有80%的学生需要的是综合能力的培养与提升，帮助他们顺利完成求职之路；而剩下10%的学生需要因材施教，发挥他们的最大潜能，帮助他们完成成才之路。要针对不同类型的学生，分类展开培养，因材施教，这样才能充分发挥出每个人的主观能动性，并尽可能地做到效率最大化，实现针对性的学业发展指导。

再次要发动群众。一个人的力量是有限的，但一个人所能带动的力量是无限的。首先需要发动的就是学生自己，形成互帮互助的氛围，而通过社区与班级开展的学业帮扶是效率最高的。其次要整合资源，充分发挥院系的学科优势，将师生交流的渠道彻底打通，全面推进“班主任导师、朋辈导师、学业导师、成长导师”这四支导师队伍的建设，实现培养过程与培养框架两个维度的全面覆盖。

最后要发挥家校育人的力量，通过家长及时获取学生的学习动向，以便后期的跟踪培养。还要建立线上指导平台，保障在任何极端情况下都能顺利进行学业指导。

同学们，百年征程，华夏儿女已经站在了风口浪尖。来日风雨难测，今朝正宜启航！让我们秉持“明德厚学，求是创新”的校训，敢于竞争，善于转化，聚精会神，科学发展，努力开创更加辉煌灿烂的明天！

第四篇

暖心·护航成长成才篇

习近平总书记强调，要重视、关怀、信任青年，支持青年发展自身、贡献社会、造福人民，在实现中国梦的历史进程中放飞青春梦想。高校是人才培养的重要阵地，要发挥好高校的人才培养作用，关心青年的学业和生活，全方位保障青年的成长。

辅导员是大学生成长成才的人生导师和健康生活的知心朋友，其一言一行、一举一动都将深刻影响青年的成长和发展。在这一篇，通过《赋予青年健康成长的正能量》《保持定力，静待花开——一封来自辅导员的信》《爱是桥梁，“艺”起前行》《寒冬已去，未来可期》《致蓄势待发的准医生们》《与医学生说》《用生命影响生命，为学生点亮人生道路》等文章，充分展现辅导员们对青年大学生的关心、关切和关爱。

辅导员们通过文字向学生传递暖心和爱心，实施“一对一”交流、“键对键”互动、“心连心”沟通，鼓励学生保持定力、“艺”起前行，为学生加油鼓劲、传递暖心关怀，与学生一起携手同行、共同发展。

赋予青年健康成长的正能量

靖咏安[①]

“青年兴则国家兴，青年强则国家强”，中国梦的实现不能离开青年、社会的进步不能离开青年、国家的发展不能离开青年。作为塑造灵魂的工程师，高校思想政治工作者应该积极走进青年、认识青年、培育青年，始终围绕青年成长、青年发展、青年成才，将研究青年个性特征、把握青年成长规律、引导青年健康成长作为重要的工作职责，把握住德智体美劳全面发展的培育目标。

一、育“善”去“恶”，用“阳光”赋之以魅力

“正德厚生，臻于至善”，德行始终是一个人的首要品质，只有德行品质正，才能行得正、才能走得远、才能站得高。全国特级劳模史来贺先生，始终没有忘记自己作为一名共产党员的初心和使命，始终坚持将共同富裕作为自己的奋斗目标，始终把人民群众的每一件小事作为自己的大事，用自己的“善”去感染人、感化人、影响人，他用一生的努力诠释了他作为一名共产党员的优秀品质，他的事迹、精神、品质影响着一代又一代人。而青年一代的成长正需要有这样的“阳光”去温暖、去影响、去孕育，孕育青年的善心、孕育青年的德行、孕育青年的品质，因此青年要在塑造内在美上着力，将内在美外化，修炼人格魅力、优良品质。

二、育“智”去“愚”，用“养料”赋之以实力

“黑发不知勤学早，白首方悔读书迟。”青年人不能在最擅长学

① 靖咏安：男，华中科技大学党委学生工作部思想教育办公室科长。

习、最适合学习的年龄而丢弃书本、丢弃知识、丢弃学习，青年人未来的发展潜力来源于丰富的知识积累，要多读书、多品书。习近平总书记在梁家河的七年知青岁月里，带的最重要的行李是两大箱子书籍，他始终没有忘记知识的重要性、始终没有丢弃读书的习惯、始终没有打破多学习多思考的状态，他错把墨汁当红糖，却说“真理的味道很甜”，充分体现了青年习近平勤学、好学的品质。习近平总书记的故事给每一个青年以启示，青年一定要保持这种埋头读书、细心品书的耐力和定力。高校思想政治工作者要善于用知识的“养料”为学生成长赋予实力，要培养每一位青年学生爱读书、善读书、读好书，增长才干、才智和才能。

三、育“体”去“弱”，用“水分”赋之以活力

“苍松叶常青，古树枝犹韧。”唯有具备健康的体魄，才能赢得广阔的空间、持久的发展、长远的前程。小麦在拔节孕穗期需要充足的水分才能健康成长。而青年人也正处在这样的人生成长关键期，同样需要运动、需要健康、需要“水分”，才能孕育出健康的身体和心智。“体育可以带给人勇气、坚持、自信心、进取心和决心，培养人的社会品质——公正、忠实、自由。”马约翰先生推动清华大学长期坚持高强度的体育教育，让清华学子在艰苦岁月、革命年代依然不忘锻炼体魄。这种教育理念持续至今，形成了“无体育不清华”的校园文化特色。保持强健的体魄、坚忍的意志，是事业发展的前提，要让每一位青年保持运动习惯、培育体育精神。

四、育“美”去“丑”，用“温度”赋之以潜力

“青年是标志时代的最灵敏的晴雨表。”青年一代是最有潜力的一股力量，青年一代的健康成长除了需要“阳光”、需要“水分”外，更需要“温度”，而这个“温度”不是舒适的、不是常温的，应该是冷热交替的，应该是要磨炼人的。优秀共产党员黄文秀用生命坚守初心和

使命，一毕业就选择在广西壮族自治区百色市乐业县新化镇百坭村担任驻村第一书记，她没有选择都市的繁华、没有选择高薪的职业，而是选择在基层、在脱贫攻坚的第一线，去磨炼、去奋斗、去奉献，她用行动诠释了这一代青年应该有的担当和作为，诠释着她的初心、决心和敬业心。她很美，美在她的高尚情操、美在她的言行举止、美在她的文化素质，用美的“温度”去培育自己、去诠释自己，这是青年应该有的样子。

五、育“劳”去“惰”，用“空气”赋之以动力

“业精于勤，荒于嬉；行成于思，毁于随。”青年人处于拔节孕穗期，要勤于思考、勤于奋斗、勤于实践，去除惰性、去除拖延，坚持劳动、坚持拼搏，用汗水、热血去换取美满前程。“当代愚公”张荣锁带领回龙人开山劈石、砸石修路，用执着和勇气换来一条回龙人走出大山的生存之路、生命之路、致富之路。这期间所经历的苦、难、累是不言而喻的，为何能坚持下来？为何能抗下来？我想只因为他有坚定的信念，有信念才有动力，才能克服困难，用劳动去换取幸福、换取未来。理解劳模精神、品读劳模精神、传承劳模精神，用劳模精神去激发青年的斗志、鼓励青年去奋斗。

青年的成长正如那破土而出、娇嫩翠绿的麦穗，要成长结果，需要阳光、需要雨露、需要温暖、需要氧气、需要养料，离不开清晨的朝露、离不开和煦的微风、离不开炽烈的阳光、也离不开夕阳的余晖，每一个环节都不能少、每一种元素都不能缺、每一段时间都不能断。为青年成长赋予正能量，让每一位青年都能茁壮成长、开花结果，让每一位青年都成为“德智体美劳”全面发展的人才，让青年一代成长为实现中国梦的参与者、贡献者。

保持定力　静待花开
——一封来自辅导员的信——

罗迪[①]

亲爱的同学们：

你们好！

2020年春节，一个特殊的假期。新冠病毒肆虐，一场没有硝烟的战“疫”迎面而来，让我们每一人都无法置身事外。在武汉或者来自武汉，让我们身上多了一个被重视的“标签”。当下，防控疫情进入关键时期，形势依旧严峻复杂，我们无法如期相聚喻园。

来势凶猛的疫情，让我们不免恐慌担忧。疫情到底还会持续多久？何时才能出门？我和家人会不会是下一个感染者？网上很多人，很多事，各种观点该相信谁？我们何时能返校？这学期学习怎么办？我们现在能做些什么？等等，这些问题也许正困扰着你。

“每临大事有静气，不信今时无古贤”。中华民族是经历过大事的民族，是战胜过磨难的民族，武汉是英雄的城市，武汉人民是英雄的人民。这次“战疫”也是如此，越是进入防控关键时期，就越需要我们沉心静气、保持定力。

一、保持定力，应体现在对国家的信任上

火神山、雷神山医院分别在10天内建设完成，展现了超快的中国速度；无数医护工作者“舍小家、为大家”，在战“疫”第一线带给我

① 罗迪：男，华中科技大学能源与动力工程学院辅导员。

们信心和感动；一批科学家、医学家在一线战斗，给我们最专业的防控指导；各界人士捐款捐物，体现了人间大爱；一省一地驰援湖北，见证互助的力量，展现中国特色社会主义制度的优越；身边的党员先锋、青年志愿者耐心细致地实施防控举措，落实到户，责任到人；全国人民“静心”抗疫，守望相助，家国一体，休戚与共。没有安定团结的国，就难有幸福安稳的家，尤其是在危难时刻，我们的国家更需要每一个人、每一个家庭的信任与支持。具体到我们每一位同学，就是要主动配合好学校、所在社区（村）的防控工作，不出门、不串门，做好居家隔离，及时如实报告身体状况，积极参与线上志愿服务等。抗击疫情是阻击战、总体战，也是人民战争，我们始终坚信，只要我们保持定力，心往一处想、力往一处使，有强大的祖国作后盾，胜利一定就在不远处。

二、保持定力，应体现在对生命的珍爱上

每每遭受疫情或者自然灾害，我们总能再一次感受到人类生命的脆弱，看不见、摸不着、还没有被完全了解的病毒，让人们迅速陷入恐慌，让社会生活发生巨大变化，让国家进入“战时”状态，更痛心的是它让很多人失去了宝贵的生命。如今，医护工作者在一线奋力挽救生命，社区工作者在严防死守阻止病毒侵害生命；政府、企业、生产者在竭尽全力保障生命；我们每个人居家隔离，勤洗手、讲卫生、多锻炼，也在用心呵护生命。一切的努力，都是因为生命本身的重要意义，而我们能做的又岂止于“管好自己”。做一次系统的防疫安全学习，与家人坚持适量的身体锻炼，给身在武汉的师友一个问候，减少一次没有必要的网购、外卖，给身边的干部、志愿者一个鼓励，为前线的医护工作者打个气，当遇到心理困难时，还应及时向心理中心的老师寻求帮助。我相信，科学抗击疫情的过程，就是一次很好的生命教育，让我们学会认知生命、尊重生命、珍爱生命。

三、保持定力，应体现在对是非的分辨上

疫情发生以来，关于疫情的每一条消息都时刻牵动着我们的心。日前，率领科研团队“逆行”武汉的李兰娟院士，在社交媒体上被造谣为其亲属创办的医药公司“带货”。这种负面舆论不仅会给前线战士带来伤害，也会消解人们对社会的信任。网络空间中的“谣言反击战”“舆论引导战”也随着战“疫”一并打响，作为新时代大学生的我们，面对纷繁复杂的网络舆论环境，必须要保持定力，站稳立场，有清醒的头脑和分辨是非的能力。面对谣言、网络负能量，应敢于出击，及时转发战“疫”真实资讯，让真相跑过谣言，积极传递战“疫”感人事迹，营造万众一心的氛围，凝聚起众志成城、共克时艰的磅礴力量。

四、保持定力，应体现在对学习的坚持上

超“宅”、超长的假期，给了我们更多独处的时间，也在考验我们自主学习的能力。按照疫情防控的要求，学校制订了新学期“停课不停学”的计划，老师们将根据课程实际开展线上教学，这无论对于老师还是学生，都是全新的尝试，必然会遇到新的困难，尤其是在刚开始的磨合期。我们要继续发扬“学在华中大”的精神，主动适应网络学习的规律，在课程组织上主动“求合”，配合好任课老师，积极参与网络教学互动，多给老师理解、支持和鼓励，少一些抱怨和牢骚；在学习方法上主动“求变”，充分利用各种网络学习资源，勤学多练，不折不扣完成每一项学习任务，打牢基础；在学习内容上主动“求深”，不能用网络碎片化阅读代替书本系统性学习，要学会利用电子书，多读“大部头”的书，培养学习定力。同时，这段时间也是我们对学业查漏补缺的好时机，用好相对“安静”的学习环境，在学习中思考人生、寻找方向、完善规划。

“船的力量在帆上，人的力量在心上”。战胜疫情，需要你我同心，始终保持定力，用实际行动，体现青年大学生对国家的信任、对生命的珍爱、对是非的分辨、对学习的坚持。让我们一起静待花开，相聚喻园。

爱是桥梁，“艺”起前行

周蕾[①]

2020年，我们共同经历了一个难以忘怀的春节。“宅”家过年，每一条疫情信息都牵动着你我的心。战“疫”之中，千里驰援，逆行而上，负重前行，爱是桥梁。

一、爱是桥梁，凝神聚力抒写中国精神

防疫战打响的那一刻，一场全国一盘棋的大动员随即开启。从习近平总书记的多次重要指示，到各方力量的紧急行动，我们见证了一个又一个中国奇迹。武汉火神山、雷神山医院10天内相继通过验收，创造了历史上又一个“中国速度”；19省（区、市）对口支援湖北，数万医护人员和多个专家团队齐聚武汉，书写了“岂曰无衣，与子同袍”的雄浑力量；大规模、大范围调配最紧缺的医疗物资日夜兼程送往抗疫一线，不禁让外媒点赞“只有中国可以”。习近平总书记说：中华民族是从艰难困苦中走过来的。中国有信心、有能力、有把握打赢这场疫情防控阻击战。与时间赛跑，与疫情较量，这些鲜活生动的事例体现了对生命的尊重、对人民的责任，确证了祖国就是我们最坚强的后盾。在这场全国上下全面动员的战“疫”中，彰显了中国特色社会主义制度的优越性，展现了强大的中国力量。它不断翻涌着、融汇着、升华着，以爱为桥梁，凝神聚力抒写了英勇无畏、万众一心、同舟共济的中国精神。

① 周蕾：女，华中科技大学艺术学院辅导员。

二、爱是桥梁，承载所有美好纷至沓来

"宅家"的我们，无疑是幸福的。我们看到了来自全国各地各部门的那一封封真挚的"请战书"，医护人员、公安干警、解放军战士、志愿者等众多"最强援军""最美逆行者"毅然前行，全心投入抗疫斗争。我们看到了来自各行各业、五湖四海的"超级英雄"温暖而充满力量的身影，84岁高龄毅然奔赴疫情一线的钟南山院士，身患渐冻症却还奋战在岗位上的张定宇，创造航空史奇迹的英雄机长刘传健……医护人员被防护面罩勒出的印记和布满痕迹的粗糙双手，为白衣天使加油的环卫大爷，为民警、消防人员、环卫人员送出五万张口罩的东北大哥……我们还收到了温馨的"停课不停学"菜单、"防控期间云生活指南"和甜甜的云端"情书"，即使"宅"在家中，依然可以生活学习两不误。即使你我并不认识，但爱将我们联结在了一起。正是这些爱的传递，生动诠释了什么是"疫情无情人有情""隔离病毒但不隔离爱"；正是这些爱的传递，真实展现了什么是临危受命、逆行而上；正是这些爱的传递，才有了我们当下的平安，被守护着的我们是如此的幸福。爱是桥梁，承载所有美好纷至沓来，让我们能够满怀希望与期冀，心有感恩与感动，坚定战疫必胜的信念，相信美好从未缺席。

三、爱是桥梁，"艺"起战疫传递温暖力量

疫情来袭之际，人们比任何时候都需要精神上的慰藉与激励。"宅"家带来的生活与学习方式的转变，带给我们很多情绪，这是人之常情，也是在所难免的事。筑牢自我的内心防线是疫情中另一场无声的战疫。当我们感到不安、沮丧、迷茫或焦虑时，我们能做些什么去疗愈自己的内心，让心灵充满力量？艺术也许能给你一个不错的选择。来自海内外的文艺团体、艺术家纷纷加入了这场心灵守卫战，他们积极发声，用各自的艺术语言，把动人的故事化为文字，使爱的温情化成音符，发挥艺术的力量，讲述那些感动你我的故事。央视春

晚情景报告《爱是桥梁》作为筹备时间最短的节目,以朴实而深入人心的语言激励、鼓舞、感召着全国人民的心灵;一曲《武汉伢》唱出了武汉人的心声与全国人民对武汉的美好祝愿;捷克爱乐乐团以一曲《茉莉花》传递来自大洋彼岸的爱,为武汉加油。还有很多“民间艺术家”:一线医生自编自唱的“英雄城市”,武汉小区自发的爱国歌曲大合唱等。你可以倾听这些正能量的声音,用心感受艺术中爱的力量,接受一份共同的期望,帮助自己坚定信心;你可以发掘自己的艺术潜能,培养一些“艺术细胞”,做自己的艺术家,用画笔、用音乐、用舞蹈……用艺术的各种形式记录你的生活、你的情感。爱是桥梁,“艺”起战疫,换一种方式面对自己的内心,提升心灵的免疫力和幸福感,传递温暖正能量。

在抗疫斗争中,天各一方的我们因为疫情成为战友,陌生的人们拥有了共同的方向,人与人之间的爱与温情更加凸显。每个人都在经历新的变化,拥有新的感悟。曾经的你也许想过多放几天假是多么幸福,现在的你是否开始无比想念曾经校园学习、生活的种种日常;曾经的你是否总觉得岁月静好,现在的你是否更深刻地领悟到哪有什么岁月静好,只不过是有人在为你负重前行;曾经的你也许认为自己距离肩负中华民族伟大复兴的使命还很遥远,现在的你可能已经以各种方式积极参与防疫工作,用行动书写了合格答卷。原来,上学真的挺好的!原来,平安幸福是如此的珍贵!原来,我的青春可以焕发出更加绚丽的光彩!

爱是桥梁,也是青年一代的成长礼。让我们共同期待战“疫”凯旋,春暖花开,欢乐与爱满溢!

最后送给大家一份战“疫”的音乐作品,愿美好与爱常伴。

哈佛大学的神经科学家们做的一项研究表明,当我们聆听音乐的时候,我们的大脑参与了很多过程,它们“积极地活跃在其他的幸福感中”,人的大脑中会发生一种化学变化,从而改变我们的精神状态。[1]

PART 1 春之歌:以春意盎然之音奏响内心的生命之歌

1. 维瓦尔第《四季协奏曲》之《春》

"春天欢天喜地地来了,鸟儿用幸福的歌声向它致敬。小溪被微风轻吻着,并带着甜美的潺潺声流淌。乌云遮蔽天空,雷鸣电闪宣告了风暴的来临。但是当一切返回平静,鸟儿开始再次歌唱它们迷人的歌曲。"

意大利作曲家维瓦尔第为每个季节写了一首诗,然后把诗歌的每一句都与音乐的表现相对应。音乐家笔下动人的旋律,带你感受春季明亮、乐观的情态。

2. 贝多芬《为小提琴和钢琴而作的F大调第5号奏鸣曲》之《春天》

《春天》奏鸣曲写于1800年左右,是贝多芬早期的创作,由于作品第一乐章洋溢的明媚春意,而常被人们称为《春天》奏鸣曲。明快而甜美的旋律,活泼而亲切的氛围,犹如温暖而灿烂的春光,充满自信、乐观的精神,表达了希望、温暖和幸福感。

3. 门德尔松《春之歌》

《春之歌》是德国作曲家门德尔松创作的《无词歌》中的一首著名之作。它有着流水般轻柔的浪漫旋律,充满着光辉、喜悦与希望,抒发了对生命和自然之爱,使听众沉醉于愉悦的气氛中。

PART 2 夜之声:愿夜的梦幻安抚你心灵的疲惫与焦虑

1. 肖邦《降b小调夜曲》(作品9)之1

夜曲是一种慢速的、梦幻般的钢琴体裁,它暗示了月夜、浪漫的渴望和某种深思的忧郁,通过又苦又甜的旋律和轻柔伴奏的和声来唤起。[2]尼尔斯对肖邦这首最早出版的夜曲曾做如下评价:"充满了梦中饱满的甜蜜欢乐,那是把黄昏、夜的寂静,以及这产生的一切都淋漓尽致地表现出来。”

2. 舒伯特《小夜曲》

“我的歌声穿过深夜，向你轻轻飞去，在这幽静的小树林里，爱人我等待你，皎洁月光照耀大地，树梢在耳语，没有人来打扰我们。亲爱的别顾虑，你可听见夜莺歌唱，它在向你恳请，它要用那甜蜜歌声，诉说我的爱情，它能懂得我的期望、爱的苦衷，用那银铃般的声音，感动温柔的心，歌声也会使你感动，来吧亲爱的，愿你倾听我的歌声，带来幸福爱情。”

奥地利作曲家舒伯特采用德国诗人莱尔斯塔布的诗篇谱写了这首《小夜曲》，整个作品在大小调的交替中发展，由此带来一种色彩上明暗的交织，浪漫而伤感，表达出作品的主题，即对爱的喜悦与渴望。

3. 德彪西 《月光》

《月光》创作于1890年，是法国作曲家德彪西的钢琴组曲《贝加摩组曲》中的第三首。德彪西在意大利留学期间，游历了意大利北部的贝加摩地区，那里美丽的景色给他留下了深刻的印象。其后，他阅读了法国诗人魏伦的叙事组诗《假面具与贝加摩》更是激发了创作灵感，以光影交织般的和声色彩和宁静慵懒的旋律，营造了令人愉悦的梦幻般意境。

PART 3 爱之梦：以爱的力量唤起内心爱人与被爱的幸福

1. 李斯特《爱之梦》第3首

匈牙利作曲家李斯特根据德国诗人弗莱里格拉特写的著名诗作《爱吧，你可以爱得这样久》谱写了3首抒情性钢琴曲《爱之梦》，其中第3首最为有名。婉转优美的旋律述说着人们在分别之际，沉浸在爱恋与期盼的幻想与回忆中。

2. 克莱斯勒《爱的喜悦》《爱的忧伤》

美国作曲家克莱斯勒根据古老的三拍子维也纳民歌创作的小提琴曲《爱的喜悦》，正如其名，音乐充满了欢乐、喜悦与浪漫的情调，轻盈欢快、流畅华丽的旋律，描绘了热恋情人的幸福和满足。

相比《爱的喜悦》，《爱的忧伤》多了一些烦恼和伤感。柔美动人的旋律，以温婉的伤感与情恨传递出真挚的情感，在忧郁中带着对幸福和欢乐的憧憬，描绘出爱情的甜蜜和纠结。

3. 贾斯汀· 赫维茨 *Mia & Sebastian's Theme*——电影《爱乐之城》插曲

男主角塞巴斯蒂安，是一位不得志的爵士钢琴家，每天在小餐馆弹钢琴为生。一次遵从内心的演奏，吸引了女主角米娅。这首打动女主角的钢琴曲，名为“Mia & Sebastian's Theme”。作曲家贾斯汀・赫维茨说，这首曲子曾经修改过31次，才使得它有甜蜜的气氛，但又不至于欢快；有点揪心，但又算不上伤感。[3]

参考文献

[1][2]克雷格・莱特. 聆听音乐[M]. 7版. 余志刚，译. 北京：清华大学出版社，2018.

[3]《爱乐之城》斩获奥斯卡6项大奖，这7首配乐神助攻[EB/OL]. [2017-02-28]. https://www.sohu.com/a/127516221_497939.

寒冬已去，未来可期

梁浩伟[①]

2020年3月24日，经中央批准，湖北省宣布从3月25日零时起，武汉市以外地区解除离鄂通道管控；从4月8日零时起，武汉市解除离汉离鄂通道管控措施。截至4月8日，距离1月23日武汉宣布全面“封城”，已经过去了76天。

在这61天里，全国上下万众一心，以极大的魄力、极强的执行力和极高的忍耐力，为自己、为中华民族、为全世界、为全人类赢得了时间、积攒了经验、树立了榜样。在这场没有硝烟的战斗中，每个人都是重要的参与者。在这76天里，中国依托集中力量办大事的制度优势，依靠基础强大的物质和技术优势，以成功应对斗争的经验优势，用实际行动向全世界交出了一份疫情防控的答卷。面临这次新冠疫情防控的大考，作为亲历者，又是在校大学生的同学们，应该获得哪些自我成长的启示呢？

首先，我们要更坚定为人民服务的理想信念。疫情发生后，在党中央的正确领导和指挥下，不仅有各级政府和各个相关行业积极响应，而且有在武汉街巷及全国各地难以计数的志愿者们贡献着自己的力量，这其中，就有许多同学的身影。他们是华中大精神的践行者，是社会主义核心价值观的守护者，更是华中大人才培养的优异硕果。

华中大与新中国同成长的美誉，不仅仅是时间跨度的见证，更是一代代华中大人为祖国发展做出重要贡献的历史积淀。裘法祖和张

① 梁浩伟：男，华中科技大学人工智能与自动化学院辅导员。

培刚两位老先生在各自的领域树立了现代中国的标杆，喻家山后神秘的地球引力测量团队一朝功成，成为世界的标杆；疫情中克服种种困难坚守阵地的张定宇成为学校首位“人民英雄”；“胡吉伟班”和“黄群班”以一届届的传承，延续着英雄的精神；还有许多在各自岗位默默做出贡献的校友和老师们，他们都以实际行动，实现着为人民服务的崇高理想，回报着党和人民的多年培养。

同学们，风云变幻的世界环境和国际形势赋予了青年一代更多的历史责任，“熙熙攘攘”的社会大熔炉释放着无处不在的“甜蜜诱惑”。面对同时袭来的重担和“蜜糖”，我们更应该沿着前人奋斗的征途，秉承中华民族团结一心的信念，怀揣对祖国和人民的感恩，担起实现中华民族伟大复兴中国梦的责任，目标更明确地投入疫情后的学习与生活。

其次，我们要成为学有所成的合格大学生。疫情中，“中国速度”创造了一个又一个奇迹，比如仅仅用 10 天时间就交付使用的火神山医院，它的成功自然离不开夜以继日的工人和技术人员，同样也离不开接到命令后在最短时间内完成最优方案的建筑设计师们、在最艰难时期协调好工程现场的管理者们，没有他们的专业知识和职业能力，也许疫情防控拐点的到来还要来得更晚一些。事实证明，除了树立理想和目标之外，切实付诸行动才是达到成功的重要保障。

同学们，大学里每一门课程的开设和教学内容的设计，都是一代代老师根据专业的发展需求，根据培养目标的更新换代，根据一届届培养成果，不断与时俱进改进而成，都是优中选优的最佳方案。它们适应学科发展的时代潮流，更面向国家发展和国家战略的重大需求；既为继续深造打下了坚实的基础，又能成为实际工作的理论指导；既包含了无数科学家的集体智慧，也是每一位授课老师心血的结晶。

同学们，玩游戏成不了真正受人尊敬的“大神”，追剧过不上自己梦想的人生，努力学习才是把握自身命运的关键所在。当我们坚定了崇高的理想信念，还需要刻苦学习，充分掌握知识，才能在追寻梦想的征程中发挥自己应有的力量。

最后，我们要成为顶天立地的实干者。疫情中，医生、警察、志愿者和各行各业的服务者们，用“天使白”“警察蓝”“志愿红”和五颜六色的工作服，共同绘制了武汉挺过寒冬、迈向暖春的绚丽画卷。

华中科技大学也在这次疫情防控中贡献了重要力量，投入了11家附属医院33000多名医护人员8900多张床位，具有近5000人的重症、危重症收患者治量。除了这些令人瞩目的成绩之外，学校还紧急投入了5000万元科研经费，动员了30多个科研单位参与疫情防控科研项目，重点在病毒溯源、快速检测、医疗救治、药物筛选、疫苗研发等方面加大力度。还有全校师生的积极捐款，全世界校友的热心捐赠，留校师生的自我隔离，无不展现出华中大人的优良品质和作风。

除此之外，在三峡大坝上有着华中大水利人的汗水，每一项国家重大项目中几乎都有着华中大人的深深烙印；同时，华中大每年都有众多毕业生选择成为选调生，在基层岗位上发光发热；每年的暑期社会实践，都有成百上千支队伍奔赴祖国各地，用自己的脚步丈量人民的幸福，用自己的双眼记录祖国的发展。华中大学子正以实际行动写好属于自己的“两篇论文”。

同学们，习近平总书记在给北京大学援鄂医疗队全体“90后”党员的回信中表达了对新时代青年的肯定，他说：广大青年用行动证明，新时代的中国青年是好样的，是堪当大任的！作为新时代大学生，作为中国青年的一分子，你们已经用近两个月的自我管理和志愿服务，响应了国家对人民的号召，践行了中国公民的社会责任。在胜利节点到来之际，希望大家能整理好行装，调整好状态，以更饱满的热情投入课程学习；在充满无限可能的未来，希望你们能厚植家国情怀，强化使命担当，在为人民服务中茁壮成长、在艰苦奋斗中磨砺意志品质、在社会实践中增长能力本领，不惧风雨、不畏艰难，让青春在党和人民最需要的地方绽放绚丽光彩。

致蓄势待发的准医生们

丁卉[①]

17 年前
SARS 病毒凶猛来袭
你辈未经世事
一个个天真的孩童
被父辈的白衣天使们护佑着
安然度过

17 年后
新冠病毒狡猾来袭
你辈皆已成年
一个个奋发的青年
尚在医学殿堂中修习
心余力绌

请不要叹息
你们是祖国的未来
是未来中国医学界的中流砥柱
保护好你们
是现在白衣师者的责任

① 丁卉:女,华中科技大学第一临床学院辅导员。

但也请记得
你们也是准医生
终有一天
这根护佑健康的接力棒
终将交由你们继承

那么
从现在开始
一起做点什么吧

来吧
我们一起写科普
用最专业的知识
给民众以科学引导

来吧
我们一起写故事
记录这场战“疫”中的点滴
让正能量播撒在你我身边

来吧
我们一起编歌谣
用最通俗的语言
传播最有用的抗“疫”知识

来吧
我们一起绘画
用最生动的图片

告诉大家“不要害怕”

……

亲爱的准医生们
前线
你们的老师正在和病魔展开生死较量
后方
你们应以自己的行动给予鼎力支援

让我们携手
打赢这场没有硝烟的战争

让我们重启
大武汉暂停的按钮

让我们期盼
春暖花开早日来临

让我们约定
待疫情被我们彻底打败
手挽手
肩并肩
脱下口罩
齐声高呼

我
一名光荣的准医生

誓将继承前辈衣钵

忠于祖国

忠于人民

无愧协和

无愧同济

无愧华中大

与医学生说

孙海洋[①]

选择医学可能是偶然，但你一旦选择了它，就必须用一生的忠诚和热情去对待它。

——钟南山

随着国内疫情防控形势持续向好，人们的生活也进入了“后疫情时代”。而经过这场疫情，再次让我们看到了医学的重要性，医学是直面生命的学科，它是崇高的，但它也是具有挑战性的。2020年的高考过后，又会有多少学子报考医学院呢？而选择学医又意味着什么呢？

一、医学生，你为什么学医？

作为医学院的辅导员，我在每次新生入学班会上，都会发出直击灵魂的考问：“同学，你为什么选择学医？是自己报的志愿吗？”而我作为一名预防医学专业的辅导员，还要“弱弱地”加上一句：“调剂的同学有多少？想转专业的同学又有多少？大家举个手。”（即使我校公共卫生与预防医学是全国唯一同时包揽“双一流”和教育部“A+”的学科，还是不免会面临这样的尴尬）。“劝人学医，天打雷劈”这句“金句”流传甚广，于是我们听到了太多来自社会看待医学专业的声音：学医太累太苦，学医要考一辈子的试，医生是高危职业……

可是亲爱的同学们，经历过这场疫情后，你还是这样认为吗？面对新冠肺炎疫情，无数医务工作者坚守在疫情防控的第一线：临床救

① 孙海洋：女，华中科技大学公共卫生学院辅导员。

治、流行病调查、药物研发……他们舍家别子、逆向而行，守护着全体中国人的生命健康，而无数个“他”和“她”也正是未来的“你们”。

同学，你为什么学医？我听过一个很好的回答：“因为医学会让你变得勤奋，你将终生孜孜不倦地学习；医学会让你变得善良，因为你一辈子都在学习尊重生命和保护健康；医学会让你变得认真，因为你将接受严苛的训练来避免任何小小的疏忽；医学让你变得勇敢，你将有勇气打开患者的心脏和颅腔，有勇气和死亡进行殊死的较量；医学会让你变得平静，无论面对权势还是富贵，你都能安然淡定无须摧眉折腰。”亲爱的学子们，请报考医学、坚持学医，它绝不会辜负你的勤奋和才华！敬爱的家长们，请让你的孩子学医，你的孩子会成为“保护世界”的人！无论你最初报考医学的理由是个人理想还是父母愿望，当下我们都应该珍惜与医学的缘分，做新时代最美的“白衣天使”！

二、学医是一种怎样的体验？

每年9月，华中科技大学同济医学院的开学典礼上都会设置一个重要的环节——授白袍仪式。全体医学生郑重穿上象征着职业圣洁和仁爱的白袍，宣读铮铮誓言：“健康所系，性命相托。当我步入神圣医学学府的时刻，谨庄严宣誓：我志愿献身医学，热爱祖国，忠于人民，恪守医德，尊师守纪，刻苦钻研，孜孜不倦，精益求精，全面发展。我决心竭尽全力除人类之病痛，助健康之完美，维护医术的圣洁和荣誉，救死扶伤，不辞艰辛，执着追求，为祖国医药卫生事业的发展和人类身心健康奋斗终生！”作为医学院的辅导员，那一刻的我总是骄傲得不得了，我努力记录下你们“凹”造型的样子，发到QQ空间，发到朋友圈，发到家长群……我们用这样一种仪式感去欢迎新生开启医学学习生涯。

既然有入学仪式，那么医学生的毕业仪式又是怎样的？许多医学生的毕业仪式就是和比自己还高的教科书合影留念，这里就有你们最爱的“蓝色生死恋”。其实不仅仅是毕业季，每学期的期末考试结束后，你们都会晒出“教科书财富”，再配上文字——“又啃下了这么多书”。的确，医学生的学业压力很大，很多人说，当医学生就是一个“学一辈子习，考一辈子试”的过程，而每一次考试的范围都很广。有一种期末叫医学生的期末，医学生没有考试月，学完一门考一门，期末考试怎么过？每天就是背背背。你们可以在两周内背下几百个名词解释、上百道大题和数以千计的选择题。当然，医学生也不是超人，也有绷不住的时候，发条说说、微博、朋友圈留言，吐槽一下想“撕书”的冲动，或者冲到“导儿”们的办公室大哭一场。而抱怨完、倾诉完后，又继续复习、背书，迎接考试！图书馆、一号楼、二号楼、503深夜自习室……这些“地标”的深夜灯光都记录着华中大同济学子的勤勉奋斗。

“健康所系，性命相托”，“德不近佛者不可以为医，才不近仙者不可以为医”。亲爱的同学们，为什么你们注定比他人付出更多？因为他人将生命和健康完全信任地交付于你！因为你承担的是任何其他行业都无法承担的责任！因为这份责任重于泰山！

三、医学生，你应该有怎样的信仰？

2019年末，“北京急诊科女医生杨文被残忍杀害”“朝阳医院眼科医生陶勇被砍”，我的朋友圈充斥着学生对接二连三的暴力伤医事件的讨论，出离愤怒的你们甚至质疑当初学医的选择：“老师，你觉得学医的意义何在?”

“为众人抱薪者，不可使其冻毙于风雪。”当社会各界还在呼吁“暴力伤医零容忍”、尽快推进立法的时候，2020年初新冠肺炎疫情肆虐，来自祖国各地的白衣天使们没有任何怨言，“不计报酬，无论生死”，以战士般的姿态紧急驰援武汉，一封封摁着血手印的请战书仿佛在昭示：穿上了白大褂，就可以保护世界！医学院的老师们争分夺秒奋战在抗疫一线，医学院的学子们也利用专业知识为疫情防控尽己所能：科普宣传、社区流调、志愿服务……我想，你们已经用实际行动回答了当初的提问：学医的意义就在医学生誓词里——除人类之病痛，助健康之完美！春暖花开、万物复苏，喻家山的玉兰，学子苑的樱花，想见你，在华中大的春天，冬天失去的，春天找回来！

用生命影响生命，为学生点亮人生道路

陈书田[①]

在大学里有这么一群人，他们是老师，也是“哥哥”“姐姐”；他们是大学生信赖的知心朋友，也是成长道路上的人生导师；他们用生命影响生命，为学生点亮人生道路。他们的名字叫辅导员。

每一名大学生都会面对毕业，但不是每一名大学生都能正常毕业，而正常毕业后能否顺利就业，这也是每一名毕业生要考虑的问题。

小张是华中科技大学材料科学与工程学院材料成型及控制工程专业的学生，来自陕西省洋县。2019年6月本是正常毕业的时间节点，但因学分未达到毕业要求，不能按时毕业，被迫降级至下一个年级继续进行学习。在下一个年级，他遇到了人生中的一个重要人物，也就是他的辅导员李婷（以下简称“李导”）。

最开始降级时，小张背负着巨大的学业压力，他要面对数门重修的课程，而且都是难度较大的课程；同时他也失去了陪伴四年的同学，进入到一个新的班级中。一开始他不想被任何人注意到，但事实上他的名字早就在李导的重点关注名单之中了。

第一次与李导见面是在新学期的第四天，他进房间之后局促地坐在座位上，接过李导递过来的一杯水，尽管当时很渴，但也只抿了一口，双手也不知道往哪放，一直低着头。李导看出了小张紧张的情绪状态，她并没有直接问他学业上的问题，而是从小张的日常生活开始聊起：与父母多久通一次电话、老同学如何联系、新环境适应得如

① 陈书田：男，华中科技大学材料科学与工程学院辅导员。

何……渐渐地，小张敞开了心扉，话匣子也打开了，把自己内心最真实的想法向李导倾诉。小张说他非常喜欢打游戏，他的梦想是成为一个游戏制作人。但是因为把过多的精力放在了玩游戏上，反而两头顾不上，既没有优秀的游戏作品，在学业上更是出现了巨大危机，甚至不参加补考都成了家常便饭。李导静静地听完，一脸认真地说："你有梦想就要努力去实现它，我保证，如果你努力学习，你就一定能顺利完成学业。我有同学恰好在游戏行业工作，如果你真心喜欢游戏并付出努力，那么我保证你在他的指导下一定能找到满意的工作。"这两个"一定"让小张觉得不可思议，他顿了一会儿，看到李导善意的目光，坚定地点了点头。此时此刻，他感到前所未有的心安，不再那么焦躁。

走出房间，小张立马收到了李导的电话，她开口道："请问是张××同学的父亲吗?"这时候小张才反应过来，当时为了向父母隐瞒学业问题，他谎报了父母的联系方式。他尴尬地笑了笑，主动把父母的联系方式告诉李导，此刻小张真的相信李导是把学生当作自己的孩子一样去关心关爱。

从那以后，李导除了督促小张在学院学业发展支持中心参加微课堂补习外，还找了一个热心同学时常为他补课，而小张也每天给李导拍照"打卡"汇报自己的学习进度，最终他在一个学期内成功通过接近 10 门考试。最后一门考试结束后，他给李导发了一条消息："当初遇到您像是在沙漠里喝到了第一口水，而今像是一只脚踩在了绿洲上。"

而在找工作方面，李导不仅请自己在游戏行业的同学为小张做专门的求职指导，还给他推荐一些公司的面试机会。因为是跨专业，难免会遇到很多挫折，无数的碰壁之后收获了意想不到的结局，小张最终拿到了广州一家大型游戏公司的 offer，成功地迈出了成为游戏制作人的第一步。

用生命影响生命，这是李导做辅导员的坚持，她为学生点亮人生前进的道路，润物无声。而小张从一个只想逃避的留级生，到现在踏出了人生重要的一步，他的人生轨迹从此改变，在辅导员的帮助下，他开始重拾信心，去实现自己的人生价值，实现自己的梦想。

在大学里，每个辅导员都是大学生身边隐形的翅膀，疾风骤雨，有他们遮挡；前路茫茫，有他们导航。他们积极热情，乐观向上；他们高效务实，春风化雨。他们的梦想，是帮助学生实现梦想；他们的价值，是每个学生都能实现自己的人生价值。

第五篇

力行·引导矢志奋斗篇

习近平总书记强调：当代中国青年要在感悟时代、紧跟时代中珍惜韶华，自觉按照党和人民的要求锤炼自己、提高自己，做到志存高远、德才并重、情理兼修、勇于开拓，在火热的青春中放飞人生梦想，在拼搏的青春中成就事业华章。他鼓励青年一代努力奋斗、追梦前行。

青年是实现中华民族伟大复兴的先锋力量，要引导青年勇于拼搏、坚持奋斗、砥砺前行。在这一篇，通过《面临考验，青年当"三思"》《铭记，再出征》《不负时代，不负所期》《面临挑战，我们更需要一颗赤子之心》《当每个人带着爱奔向希望》《青年当践行"四个牢记"，传承五四精神》《青春无问西东 奋斗自成芳华》《做逆境与希望之间的那道光》《新青年，新使命，新担当》等文章，引导青年学子学会思考、积极实践、勇于探索，传承五四精神，不负时代、不负所期，带着爱与希望前行，积极应对时代的考验、困难的考验，在逆境中、挑战中始终保持一颗赤子之心，坚持矢志奋斗的决心和毅力，在时代发展潮流中贡献自己的力量。

面临考验，青年当“三思”

孔姝[①]

从疫情爆发到如今的防控常态化，曾经浓烈的情感逐渐沉淀，曾经模糊的认知变得更加清晰。疫情是最好的教科书，它给予了我们前所未有的机会去思考和感受。追求真理的青年学子崇尚“知其然，更要知其所以然”，在深入思考与切实感受中形成自己的观点，并付诸行动。“没有哪一次巨大的历史灾难不是以巨大的进步作为补偿的”，如果说盘点这次灾难的进步补偿，我认为青年学子的思考蜕变不失为疫情带来的真诚礼物。在此总结三点，与大家分享共勉。

一、厚植爱国主义情怀

爱国于我们而言似乎早已成为一种融入骨血的本能、一种厚植于心的日常。深沉的情感往往需要特定时间节点的激发，新冠病毒引发了快速传播的新冠肺炎疫情，同时也激发了热烈的爱国情怀。那是聚变式的反应，让 14 亿颗中国心紧紧团结在一起。对于祖国，从前我们一直深爱，如今因为疫情，突然明白她为什么如此可爱，更懂得了如何去爱。

我们爱她，因为集中力量办大事的社会主义制度优势。考察和评价一个国家的制度是否科学、是否先进，一个重要方面是看其如何应对危机、应对效果如何。这个伟大的社会主义国家面对灾难时的魄力与底气让“四个自信”变得无比鲜活、铿锵有力。

我们爱她，因为英雄的民族精神与英雄的中国人民。正如外交

① 孔姝：女，华中科技大学生命科学与技术学院党委副书记。

家基辛格在《论中国》里所说的:"中国总是被他们中最勇敢的人保护得很好。"善良勇敢的中国人民不仅仅在积极开展自救自护,更是竭尽全力援助国外,处处体现大国担当之姿与兼济天下之爱。

感动与震撼之余,我们也会常常思考,以疫情为切入点,青年学子应当如何爱国呢?我认为爱国主义情怀应当落细、落小、落实。同学们或许暂时还成不了白衣天使去护佑生命,暂时当不了公安干警守卫一方,也暂时做不了科研人员去攻关克难,但是热爱祖国不仅仅是惊天动地,更是润物无声。你们可以认真听一堂"云上思政课",用心开一次主题班会,做一次力所能及的志愿服务,写一篇情真意切的网络推文。或是每天按时打卡、出行配合检查,又或是每日坚持完成线上学习,努力锻炼身体。对祖国的爱从不是说说而已,见微而知著,厚积而薄发,让祖国因年轻的你们而更加精彩。

二、锤炼扎实本领学识

疫情期间印象最深刻的一句话是来自学生的感慨:"从前只知道好好学习,疫情之后对知识的热情无可匹敌。"

我们为什么要锤炼扎实本领学识?我们可以把祖国比作一个钢铁巨人,透过后背开关,看到一根如同液压挺杆的支柱牢牢支撑着钢铁巨人的沉重躯体,藏于金属外壳之内不被人看到。正是因为有了这根支柱,这个钢铁巨人才能挺直腰杆,顶天立地。是的,这根支柱就代表着科学技术,带给我们无穷无尽的信心与底气。从疫情初期的谣言四起到如今的科技定心,我们见过"无知是多么的可怕",所以更加坚信"知识是多么的强大"。"科学技术是第一生产力",这次疫情将此重要论断体现得淋漓尽致。习近平总书记更是强调:人类同疾病较量最有力的武器就是科学技术。

以疫情为切入点,当代青年应当如何锤炼扎实本领学识呢?我认为,将自身专业学好、学实、学精才是最重要的。在特效药物和疫苗暂时缺位的情况下,疫情防控成为常态,对于相关技术的需求更是如饥似渴。以我所在的生命科学与技术学院为例，生物医药行业正站在风口，面临前所未有的发展机遇。在这场世界级的考验面前，核酸检测已成为应对疫情的有力武器，人们也给予新冠病毒疫苗诸多关注，一批批中国生物医药企业也在第一时间勇挑重担，带来健康与希望。科技的兴盛需要人才的支撑，亲爱的同学们，青年是祖国的栋梁与希望，在崇尚科学、追求真理的道路上，希望大家坚定理想信念，练就过硬本领。今日所学将会成为明日执甲，在祖国需要我们的时刻挺身而出，护佑希望。

三、践行深刻生命教育

从前我们也知道健康第一，如今更拥有着无可比拟的生命力与求生欲。在这场疫情中，我们收获了健康卫生知识、良好生活习惯、自我保护技能，当然更多的是对于生命的感恩与珍惜：生命至上，生而平等。

以疫情为契机，青年学子应当以己为任，以身作则，践行深刻生命教育。我认为主要应该把握以下 3 个核心要素：树立正确的生命观，积累足够的卫生常识，养成良好的生活习惯。树立正确的生命观要热爱自然、尊重生命，时刻保持敬畏之心，崇尚健康与自由；积累足够的卫生常识则要善于学习，勤于科普，带动家人朋友用科学武器护佑健康；养成良好的生活习惯是最为重要的，勤洗手、多通风、戴口罩、用公筷等公众习惯的养成本就在一念之间，而社会文明与公众涵养的提升也就在细节之间，懂得保护自己更懂得保护他人，青年学子应当做先锋，做表率！

所以，让我们好好生活吧！我欣喜地看到当代大学生一边在网上无奈抱怨着与父母相处的尴尬片段，一边用实际行动感恩着家庭与父母；一边响应学院倡导的《大学生卫生健康手册》追求自律，一边在“立 flag”与“打脸”的旋涡中可爱挣扎。其实在老师看来，这些小小的烦恼才是蓬勃的生命啊，它如同小草一般努力冲破土壤拥抱阳光。当如此近距离地面对生命中的苦难之时，猛然发现曾经的困惑与烦恼都显得如此清浅，留存于心中的是对生命的敬畏、对健康的追求以及对初心的铭记，汇聚成一股磅礴的力量。

“危机”=“危难+机遇”，疫情防控下青年人的深入思考与融会贯通正是机遇与收获。期待相见，期待看到的是理想更加远大、信念更加坚定、本领更加扎实、体魄更加强健的你们笑着朝我走来，浑身发着光，如同祖国的希望！

铭记，再出征

谭静[1]

2020年4月18日，湖北省新冠肺炎防控指挥部发布等级评估，武汉市城区整体降为低风险。“低风险”，简单的三个字的背后，是一段不平凡的艰难之路，是一曲震动大地的哀歌，更是一曲荡气回肠的战歌！众志成城，万众一心，我们已夺回主动，这场抗疫防疫之战，我们正向凯歌奔驰！

曾经按下暂停键的武汉让人心疼，让人肃然起敬！除夕夜驰援武汉的人民子弟兵，创造世界建设奇迹的火神山、雷神山医院，召之即来、来之能战、战胜而归的全国援鄂医护人员，“关舱大吉”的方舱医院……许多日子、许多故事、许多人，随着疫情形势的向好，渐渐成为过往，慢慢成为记忆，重启中的武汉，正渐渐恢复往日的热闹与活力。这个时候，我最想跟同学们说说有关“记住”这个词。

一、请记住，永远保有对生命和自然的敬畏

在疫情发生的第一时间，我们党就明确把救助生命放在绝对的第一位。大年初一，中共中央政治局常务委员会召开会议，中共中央总书记习近平主持会议并发表重要讲话，一句“生命重于泰山”是出征令，是党中央对人民生命安全的守护；除夕夜，毅然逆行、不胜不归的人民子弟兵，为了挽救生命而来；白衣执甲、不计生死、不计回报的援鄂医疗队，为了挽救生命而来；老骥伏枥、年过八旬仍奋战在一线的钟南山院士，年过古稀却坚守在重症监护室的李兰娟院士，以及许

① 谭静：女，华中科技大学社会学院党委副书记。

许多多医学界的“定海神针”，为了挽救生命而来；更多不知姓名的志愿者，不顾危险，为挽救生命而来，尽管素不相识！

在新冠肺炎面前，生命如此脆弱；在祖国建立的一道道安全屏障面前，生命又是如此坚强！我们感激与病毒赛跑的各界战士，他们将人民生命置于自己之上，这份感动启发我们思考生命的意义。作为新时代大学生，我们应将这段经历作为人生财富，建立全局观、发展观，看到人与自然的联系。

华中科技大学承担着为党育人、为国育才的使命，我们要培养的应该是敬畏生命和自然，把人类进步、社会发展、国家富强作为毕生奋斗目标的建设者和接班人。习近平总书记强调“绿水青山就是金山银山”，正是告诉我们，发展必须始终记住对自然的敬畏；“创新、协调、绿色、开放、共享”的新发展理念，体现了始终把人与自然的和谐共生作为发展的基本原则，这样才能为中华民族的永续发展提供源源不断的动力。

二、请记住，祖国永远是你最坚强的后盾

这场至今仍在世界范围内蔓延的疫情，破坏力不可谓不强，从疫情之初的坚决保卫人民生命安全、统筹全国资源齐心抗疫，到如今的外防输入、内防反弹，祖国守护我们走过了疫情最艰难的时期，成为我们打赢这场抗疫防疫之战最坚强的后盾！

在这场疫情中，有一张照片让所有网友感动不已，夕阳下，身穿防护服的医生守护在一位老者床边，一瞬间竟让人忘记了病毒的可怕，只觉得画面好美！是的，无论身份，不论年龄，不计代价，只要还有一丝希望，不放弃任何一个生命，这难道不是祖国给予我们的最大安全感吗？

入境时泪流满面的留学生曹同学，回国的那段路，她走得心惊胆战，但是进入祖国境内后，工作人员和志愿者的付出，让她哭得像个孩子：“太感动了，我要哭了，我很骄傲我是一个中国人，以后一定要

好好报效祖国。”看到那些防护到位的工作人员、井然有序的检查和隔离安排，她感觉到了前所未有的安全感，回国路途中的恐惧顿时一扫而光，祖国是她最坚强的后盾！

以前经常跟同学们说，出国后才能真正读懂祖国，也常听出国交流回来的同学们说，出国以后对“爱国”两个字理解更深刻。我想，这场疫情让我们又一次看到了祖国的强大和中国制度的优势，那些凝心聚力的瞬间是爱国主义教育最生动的课堂。

疫情之下，百业待兴，在保卫人民生命安全的同时，国家召开统筹推进新冠肺炎疫情防控和经济社会发展工作部署会议，保障民生和社会稳定。高校学生疫情期间面临着课业、就业等多重困难，教育部提出“停课不停学”，丰富优质网络教育资源，帮助学生在家学习。针对2020届毕业生毕业和就业困难，国家提出“顺利毕业、尽早就业”，并通过实际措施拓宽毕业生就业渠道，增加就业机会。这些举措让我们十分暖心，时刻感受到祖国无微不至的关怀，她是我们最坚强的后盾！

华中科技大学扎根中国大地创办世界一流高校，祖国是牢牢刻在我们每一名华中大学子心底的印记，无论求学何处，无论拼搏何地，知识没有界限，掌握知识的人却是有祖国的，祖国护佑我们的成长，而我们也必将用所学建设我们的祖国！

三、请记住，信念和担当是青年最鲜亮的底色

“过去有人说他们是娇滴滴的一代，但现在看，他们成了抗疫一线的主力军，不怕苦，不怕牺牲。”习近平总书记在武汉视察时对“90后”“00后”做出这样的评价。这场疫情，让“90后”“00后”成为高频词，它们是中国当代青年的代称，“不过还是一群孩子，却穿上防护服，装成大人的模样，保护家园！”中国青年一代的担当、本色在这场疫情中经受住了最严苛的考验，交出了一份精彩的答卷！

一封封请战书上有他们的激扬文字，口罩下布满印痕的脸上似

乎稚气未脱却又坚毅笃定，太多的名字、太多的故事值得我们记住。那位累到号啕大哭，短暂休息后转身又投入病房的年轻护士；那位告诉孩子妈妈要去打怪兽了，打赢了就回家的年轻妈妈；那位在老公“等你回来，我承包一年的家务”的承诺中毅然来到武汉的护士姐姐；那位只能隔着厚厚的玻璃门看一眼自己的新生宝宝的医生爸爸；那位说着“有些事情总要有人去做”，毅然加入插管“敢死队”的白衣天使……医疗一线战场上，中国青年医者，义无反顾，用仁心、医术彰显必胜的信念，书写时代担当！

抗疫防疫是一场人民战争，除了一线战场上的医护工作者，还有快递小哥、环卫人员、物业管理人员、建筑工人、社区网格员、志愿者……这其中活跃着许许多多青年人的身影，他们虽普通却不平凡，他们选择担当和奉献，不惧生死、不计报酬地加入这场与新冠病毒的生死博弈中！

华中科技大学的青年们牢记自己的使命和担当，在这场突如其来的疫情中，用自己的实际行动奏响充满豪情的青春之歌！既有奋战在抗疫一线的青年医护人员和医学生，也有参与各种志愿服务的青年志愿者，既为防疫抗疫出力，又为防疫抗疫提供智力支持。我的学生，一名大三本科生，参与社区线上志愿服务，助力社区防疫和心理疏导。她告诉我，虽然她的力量很微小，但是能用自己学到的专业知识去帮助别人，觉得特别自豪。这就是华中科技大学可敬、可贵、可爱、可信的“90后”们，他们是中国未来的希望，是有信念、有担当的一代！

正如抗疫纪录片《英雄之城》所说：我们永远不要忘记我们是怎么戴上口罩的，也不要忘记我们是怎么摘下它的。只有这样，我们才能在未来面临的所有挑战中从容应对、战无不胜！

不负时代，不负所期

吴疆鄂①

经历了疫情爆发初期的惶恐、武汉封城76天里的揪心、战“疫”逐渐好转时的振奋与看到中国在全球抗疫中展现“大国担当”时的自豪，这场突如其来的新冠肺炎疫情已经成为全国人民的共同记忆。华中科技大学的师生们在这场特殊的战“疫”中，表现突出，得到了社会的广泛赞誉，也为我们下一轮的快速发展赢得了机遇。在“后疫情”时代，我们仍需坚定信心、保持定力，方能在赢得防疫保卫战的最后胜利之时不负时代，不负所期。

一、铭记过往，让战“疫”成为思政教育的载体

战“疫”，华中大在行动！疫情就是命令，时间就是生命！华中科技大学在此次战“疫”中投入3万多名医护人员，他们用生命守护生命。从奋战一线不眠不休的白衣天使，到下沉社区保障后方的基层志愿者，都在用一言一行展示着中华民族不屈不挠的精神力量。他们是英雄，也是我们的骄傲，更是我们身边鲜活的教材。

在这场全民参与的抗疫战争中，每个人既面临着一次大考，也在共同感受着这堂纪实性的、意义非凡的“思政课”。无数位“教师”不仅通过语言，更是通过行动传递着信仰，让每一位“学子”接受精神的洗礼，让“中国力量”绽放光芒。教师、学生、校友纷纷挺身而出，积极建言献策、捐款捐物，提供人力、物力等各种资源支持，将小我融入大我，将小爱汇聚成大爱。这也是对华中大精神最好的见证！

① 吴疆鄂：女，华中科技大学化学与化工学院党委副书记。

在战“疫”课堂上，我们看到了“若有战，召必回”的勇气与担当，看到了正在走向成熟的“80后”“90后”“00后”，他们正紧握中华民族伟大复兴的接力棒，奋勇前行。在战“疫”课堂上，我们看到了“功成不必在我，功成必定有我”的付出与坚定，那是协和医院护理“老兵”守舱480小时的坚持；是收入并不高的卖菜小伙虞强，却主动拉了1000多斤芹菜免费送给医院；是无数爱心人士的千里驰援、守望相助。在战“疫”课堂上，我们看到了在铸牢共同体意识下的大国力量。“一省包一市”政策在迅速有效实现物资供给、人员救助的基础上提升了民族凝聚力；让世界共享“中国方案”，促进了国际社会开展抗击疫情的合作和信息交流……点点滴滴，功不唐捐。

于无声处听惊雷，于无色处见繁花。疫情下的一个个难忘的镜头，已经成为我们当下思政教育的重要载体。

二、把握当下，在人生的“变与不变”中化危为机

疫情不仅限制了人们的出行，也打乱了生活的节奏。原本的出行计划、求职考试、探亲访友在特殊时期成了一种奢望。在一份针对疫情对高校学生价值观的影响的调查问卷中，结果显示，有40%的大学生在看到疫情相关负面消息时会感到无奈和无力，有37%的大学生更是对目前世界多地出现的灾难感到绝望。这样的结果充分显示出，惶恐、担忧已成为人群中相当普遍的情绪，疫情也让更多的学生对生活产生了更深刻的理解。

教师、学生、家长需要携起手来共同面对、共同讨论、共同参与、共同承担，在教学条件和交流条件变化时，把我们应该做的做到最好！保持良好积极的心态，共同完成这场生命教育！

面对这样的变局与危机，我们应该如何应对？华中大在奋力战“疫”的同时给了我们“体验式”的答案。疫情应激性焦虑该找谁？心理中心每日提供网络辅导与心理咨询热线服务。网课负担太大怎么办？资助中心当即为困难学生发放“流量补贴”。毕业、就业该如何

进行？启动“云答辩”，开展“云招聘”……面对种种困难和问题，华中大都坦然应对，处置有力。“穷则变，变则通，通则久。”面对多变的局势，我们既要“变”，也要“不变”。变的是应对的举措，不变的是沉稳的心境，方能在人生的“变与不变”中化危为机。

疫情之下，我们感受到了很多危机，也感受到了很多力量，来自自我的沉思，来自亲友的关爱，还有来自社会各界的支持与帮助，这些积极正向的能量传递，也会让我们感受到前所未有的机遇。疫情终将远去，疫情过后还要去追逐梦想，谁能在当下遵守规则、理性思考、沉着应对，谁就多了一份成功的希望。

三、着眼未来，勇立潮头，风物长宜放眼量

“宅”在家中势必会影响学习和工作效率。“我能做什么？我该怎么做？”或许是疫情期间横亘在大家心中的一份焦虑。此时此刻，缓解学生在疫情之下的焦虑、恐慌、担忧等情绪，帮助其以阳光向上的心态抗击疫情，更积极、理性地规划未来，显得尤为重要。辅导员老师们利用各自不同的方式和线上交流平台与同学们进行沟通，形成了另一道别样的抗疫风景线。这段时间“隔离病毒却不隔离爱”，辅导员与同学们的交流反而更多了，可爱的“导儿”们耐心地引导同学们有效管理自我情绪和时间，科学甄别各类信息，建立自身的思维秩序。帮助同学们尽快调整好心态，投入到正常的学习和工作中。

同时，抗疫时期也是同学们深度思考的有利时期，读一读好久想读但没有读的书，写一写好久想写但没有写的回忆录，整理一下自己的过往，重新收拾心情准备再度出发。除专业知识外，同学们也要多思考人生定位、未来职业生涯和人生发展方向，为自己未来的社会责任担当、实现人生价值奠定精神基础。

勇立潮头，风物长宜放眼量。也许当前你对自己的未来尚无规划，也许你对未来的期望尚不明确，但请牢记：“当代青年生逢其时，也重任在肩。”只有将自身命运与国家未来紧密结合，扣好人生的第

一粒扣子，才能挑起时代赋予的责任，在实现中华民族伟大复兴的道路上奏响青年之声。

习近平总书记在指挥战“疫”时频频强调要“慎终如始”。疫情尚未过去，这场已经席卷全球的抗疫斗争带给世界的，除了战斗中的悲壮，更应是宝贵的抗疫经验与精神财富。我们作为战“疫”的见证者、参与者，唯有铭记过往、把握当下、着眼未来，方能在世界大变局中保持定力，敢于胜利，不负所期！

面临挑战，我们更需要一颗赤子之心

彭鹤翔[①]

面对来势汹汹的疫情，全国人民展现了空前的团结，但是也出现了一些不和谐声音。当我们愤怒于不和谐声音的时候，我们更应该思考：在疫情面前，我们需要的是什么？

一、我们需要在关键时刻挺身而出的赤子之心

2003年“非典”肆虐的时候，为了抗击疫情，年近古稀的钟南山连续工作38个小时，结果左上肺发炎。为了不影响士气，他选择自己在家治疗。他在门框上钉了一颗钉子用来挂吊瓶，那颗钉子至今都没有拔掉。在新冠肺炎来势汹汹之时，84岁的钟南山再次出征。在电视采访中他说：“如果没有特别重要的事情，最近就不要去武汉了。”而他自己却在夜色中乘坐高铁，义无反顾地奔向了疫情的爆发地——武汉。当年爱丁堡大学极力挽留钟南山时，他说：“我对自己祖国的热爱，不仅出自血浓于水的感情，更源自对祖国深厚文明底蕴的理解和骄傲。”这是钟南山的赤子之心。来自全国各地千千万万的医护人员不顾危险，主动请缨来到武汉抗击疫情，这是他们的赤子之心。

中华民族是个多灾多难的民族，正是有了这么多在关键时刻挺身而出的英雄人民，我们才可以说中华民族更是一个愈挫愈强的民族。而他们每一次的挺身而出、每一次的重要抉择，都源自内心最深层的情感——爱国。正如习近平总书记2018年5月2日在北京大

① 彭鹤翔：男，华中科技大学经济学院辅导员。

学师生座谈会上的讲话中所说：爱国，是人世间最深层、最持久的情感，是一个人立德之源、立功之本。

二、我们需要努力做好自己分内事的赤子之心

在奥运会女篮预选赛上，中国女篮对战实力强大的西班牙女篮，以2分的优势逆转，提前获得参赛资格。在赛前，女篮心理教练黄菁的一段话让人心潮澎湃。黄菁说："当一个人需要站出来时，那叫勇敢。当一个团队需要挺身而出时，那叫担当。当一个国家身处逆境呼唤一种精神时，那就是使命，就是信念，就是一往无前。今天不仅仅是一场比赛，这是一场跨越时空的能量传递。"在比赛结束后，她们大喊"武汉加油！中国加油！没有困难能够打倒我们中国人。"2020年2月8日，在韩国夺得四大洲花样滑冰锦标赛双人滑冠军的中国名将隋文静、韩聪赛后面对镜头喊出了"中国加油、武汉加油"，这也是本次四大洲赛开始以来每一位中国选手都会说出的一句话。有网友评价他们是"为了中国拼搏的一群人"。

我是一名辅导员，我的分内事就是为党育人、为国育才。疫情发生以来，我一直在思考如何引导同学们正确认识这场疫情，思考疫情背后当代青年人应该怎么做。为此，我会持续通过撰写网文、召开线上班会、开设线上思政课等形式来和大家探讨这些问题。同学们肩负中华民族伟大复兴的重任，你们的分内事就是努力学习好专业知识，用自己的专业技能为国家的建设添砖加瓦。为此，你们应当利用这个特殊的假期努力充实自己，"停课不停学"，认真学习每一节网课，多读书多思考，为未来储备知识。

三、我们需要在纷繁信息背后理性思考的赤子之心

在互联网时代，每个人都是自媒体，每个人都是传声筒。疫情发展到现在，网络上出现了纷繁复杂的声音。"吸烟和喝酒能够预防冠状病毒""武汉将断网，以禁止医务人员分享相关信息""武汉加油站将全部停业"……这些谣言之所以能够传播，就是由于一些人在接收

这类信息时缺乏理性思考。李文亮医生的逝世让大家都很痛心，有一些人却借李医生的逝世在网络上肆意散播谣言，给李医生的家人和关心李医生的人带来二次伤害。让人欣慰的是，在被这些别有用心的人“带了一波节奏”后，网友们开始意识到这些言论已经变味了，已经脱离了实际情况。

“网络空间不是法外之地。”在疫情防控的关键时期，一些别有用心的人借着疫情话题，扭曲事实真相、污名化政府部门，抨击中国政府和社会制度。这些负面言论，表面上可以看作是“不明真相”，实则是对国家缺乏信心的表现。我们爱国，我们相信中国特色社会主义道路是我们“摸着石头过河”一步步探索出来的最适合中国国情和中国人民的道路，我们相信“千年第一思想家”马克思的理论永远不会过时，我们相信“鞋子合不合脚，自己穿着才知道”，我们相信中国特色社会主义文化源远流长、光辉灿烂。同学们，在面对疫情时，我们更要相信有强大的祖国作为后盾，有全国人民的团结一心，就没有中国人民过不去的坎。

相信读到这里大家都明白了，这颗赤子之心就是我们常说的“爱国”。2018 年 5 月 2 日在北京大学师生座谈会上，习近平总书记指出：爱国，不能停留在口号上，而是要把自己的理想同祖国的前途、把自己的人生同民族的命运紧密联系在一起，扎根人民，奉献国家。爱国，没有大小，没有平凡与特殊，只要我们用自己的力量行动起来，这就是爱国。

在疫情面前，需要大家怀揣赤子之心，关键时刻能够挺身而出，努力做好自己的分内事，并在纷繁信息背后理性思考。在疫情面前，需要大家静下心来真正认识自己所站立的地方——中国，真正认识经历了无数磨难后仍然能够意气风发屹立在东方的中华民族，真正认识为了中国拼搏的这群人，真正认识什么是爱国。我相信，乌云遮不住升起的太阳，疫情挡不住春天的来临，最终胜利的，一定是伟大的中国人民和中华民族。

当每个人带着爱奔向希望

朱江①

一场突如其来的新冠肺炎疫情就这样爆发了。灾难面前，不绝于耳的哀叹与坚定沉稳的奋进交织，让人不由得感慨，生命似乎脆弱如蝉翼，却又的的确确坚硬如磐石。几个月来，壮士断腕的魄力、千里驰援的勇气和万众一心的凝聚力，让脚下这片饱受病痛的土地起死回生，我们真切地感受到了来自四面八方的爱与希望。

作为一个土生土长的武汉人，疫情之初，我见证了太多的悲剧。起初，是手机里仿佛还离我有些遥远的感染信息，而后惊闻自己的学生因父亲遭受感染而四处求助，接着又痛心于曾经和蔼可亲的老师那突如其来的离去。再后来，是身边拔地而起的两座“神山”和遍布三镇的方舱医院的建立。我从未想过，这些与我从小息息相关的人们，会在刹那间蒙受这样大的苦痛；这些我时常经过的体育馆和学校，也会变成无数病人的希望所在。曾有学生问我“武汉哪里值得一游”，那时的我，只觉得身边之景稀疏平常。现在回想，却突然悟出古人所说的“黄鹤楼前鹦鹉洲，梦中浑似昔时游”之意。如果再讲家乡，我会向所有在疫情中顽强生存和抗争的人们致敬，我会骄傲地宣示我对这片土地的爱意，我更会用行动去传递爱与希望的种子。

“一方有难，八方支援”，这是我们中华民族的传统美德，更是中华民族繁衍生息的精神支撑。凭借《鼠疫》获得诺贝尔奖的加缪在书中借用里厄医生之口，用近乎死神的口吻警醒世人“鼠疫杆菌永远不死不灭”，“要将个人的伤痛置之度外，努力当好医生，抗击瘟神及其

① 朱江：男，华中科技大学社会学院辅导员。

制造的恐怖”。也许大多数人不会成为医生，但灾难面前没有人是例外。我们不会忘记，全国各地的医疗团队告别自己的亲人，如潮水般涌向武汉；我们不会忘记，社会各界爱心人士、企业在疫情面前纷纷解囊相助；我们不会忘记，普通群众也自发组织起来，出钱出力，纷纷献出了自己的爱心，捐款、捐口罩、捐生活物资等。他们都给一线抗疫人员和疫区人民送去了爱和希望。在疫情面前，人民群众相扶相持，相互关爱，团结一心，汇聚成疫情防控线上最强大的力量。

倘若有爱，则一定会有希望。百年前的危难时刻，鲁迅曾这样激励着中华青年：愿中国青年都摆脱冷气，只是向上走，不必听自暴自弃者流的话。能做事的做事，能发声的发声。有一分热，发一分光，就令萤火一般，也可以在黑暗里发一点光。鲁迅掷地有声的话语言犹在耳。而百年后的今天，经历这场疫情的我们每一个人，更是深切地体会到这“一分热”“一分光”并不是假大空的口号，而是切切实实在“发光发热”：也许只是简单的保护好自己的戴口罩和“家里蹲”，或是疫情开始后全城紧急封锁的“壮士断腕”，还是一方有难八方支援的大爱无疆……在疫情肆虐的漫漫长夜里，每一个普通人用萤火之光照亮了世界。

如今，这场战“疫”已经胜利在望。我现在很庆幸能够见证疫情期间这座城市发生的点点滴滴，也真切感受到大家想要贡献自己力量的迫切心愿，更看到了我们作为华中大人的使命与担当。在医院，华中大人肩负使命、最美逆行；在社区，华中大人主动请缨、志愿同行；在校园，华中大人互相守望、互帮互助；在家中，华中大人主动隔离、云端学习。每个人都在尽最大的努力让自己发光发热。每个普通人也从爱自己开始，到爱他人、爱世界。

青年当践行“四个牢记”，传承五四精神

孙伟[①]

习近平总书记强调：五四运动，孕育了以爱国、进步、民主、科学为主要内容的伟大五四精神，其核心是爱国主义精神。在新时代，我们看到青年一代的家国情怀、大局意识、担当有为和奉献精神，他们已经成为各行各业的中坚力量，贡献着青春、智慧和活力，他们传承和发扬新时代的五四精神，诠释着新时代的内涵和价值。

一、始终牢记理想信念，坚守一个“信”字

新时代青年应始终坚定理想信念、厚植爱国情怀。如何坚定理想信念？一方面要加强理论学习，勤学、乐学、善学，不断丰富自己的知识体系，同时要善于选择性学习、有重点学习、有方向学习，选择有价值的书本、有意义的学科，深入去钻研、认真去琢磨、细心去思考。另一方面要在实践中磨炼，勤于入世、勤于践行、勤于思索，深入参与社会实践、调查研究，深入基层、深入一线，用实践成果来武装自己。要在理论和实践两个维度，不断增强青年学生自身的理想信念，提高自身的综合素质，提升自身的品德修为。

二、始终牢记时代使命，坚守一个“勤”字

“青年一代有理想、有担当，国家就有前途，民族就有希望”。每一代人都有每一代人的使命和任务，当代青年的使命和任务是什么？当代青年被称为“强国一代”，要旗帜鲜明地将个人命运与祖国命运

① 孙伟：男，华中科技大学能源与动力工程学院辅导员。

融合在一起,要责无旁贷地去迎接时代的考验和挑战。一是要勤于思考,思考自己的人生目标是什么。而这份思考更应该是有高度、有视野、有格局的思考,这份思考应该是出自责任和使命的思考。二是要勤于奋斗,青年时期是人生中最重要的奋斗期,正如习近平总书记所说:现在,青春是用来奋斗的;将来,青春是用来回忆的。要不断在自己的人生道路上拼搏奋斗、开拓进取。三是要勤于逐梦,当前中华民族最大的梦想就是要实现中华民族伟大复兴,青年一代应该将自己的青春和热血挥洒在这伟大征程上,敢于有梦、不断逐梦、勤于圆梦。

三、始终牢记民族精神,坚守一个"毅"字

中华民族精神具有深厚内涵,包括革命精神、创新精神、奉献精神、团结精神、奋斗精神等。在这次抗疫大考中所彰显的抗疫精神正是中华民族精神的深刻体现。要如何传承这种精神?应当铭记一个"毅"字,要用毅力去学习优秀品质、优秀精神、优秀特质。在科技领域,钱学森等一批科学家突破科研难关,诠释中国人的创新精神;在工程领域,"铁人"王进喜等一批先辈奋斗在建设祖国的每一个角落,诠释什么是奋斗精神;在医学领域,钟南山院士等一批抗疫英雄为人民带来信心和希望,诠释什么是奉献精神。

四、始终牢记人民理念,坚守一个"爱"字

"时代是出卷人,我们是答卷人,人民是阅卷人。"习近平总书记多次强调人民的重要性,要始终把人民对美好生活的向往作为我们的奋斗目标,在这次抗疫大考中更是展现了人民至上的抗疫原则。"人民"二字体现了中国共产党人厚重的爱,关爱人民幸福、关心人民发展、关注人民健康。青年一代更应该在自己的"拔节孕穗期"始终树立人民的思想、人民的理念。一方面要从小事做起,学会做好身边事、关心天下事;另一方面要始终保持博爱之心,要有自爱、博爱和大

爱，善宽以怀、善感以恩，用爱关心身边人和身边事。

青年是国家的未来和民族的希望，青年人要坚守“信”“勤”“毅”“爱”四个字，始终牢记理想信念、始终牢记时代使命、始终牢记民族精神、始终牢记人民理念。传承和发扬五四精神，厚植家国情怀、锤炼过硬本领、砥砺奋斗前行，在滚滚向前的时代潮流中彰显青年本色，一往无前地扛起时代责任和历史使命，坚定不移地成为中华民族伟大复兴中国梦的贡献者和圆梦人。

青春无问西东　奋斗自成芳华

李婷[①]

2020年，正值全国共抗新冠肺炎疫情之际，迎来了最不平凡的毕业季。“你总说毕业遥遥无期，转眼间就要各奔东西。”本以为是最普通不过的一个寒假，不曾想到有人在寒假离校后久久无法返校，很多人无法当面和朝夕相处的同学说声再见，所有人都无法在毕业季把酒言欢，所有人都只能在疫情笼罩之下悄悄离开。再相见，已在江湖！

大学最美好的时光，记录了你我最美好的少年模样，时间会回答成长，成长会回答梦想，梦想会回答你我的模样。毕业或伴随着分别的悲伤与不舍，或伴随着迈向人生新旅程的欣喜与激动，然而2020年的毕业季又多了份坚守与担当。正如习近平总书记在给中国石油大学（北京）克拉玛依校区毕业生回信中所说：这场抗击新冠肺炎疫情的严峻斗争，让你们这届高校毕业生经受磨炼，同时也收获成长，也切身体会到“志不求易者成，事不避难者进”的道理。昨日已矣，来日可期。新时代的号角已经吹响，前方的路上，唯奋斗者进，唯奋斗者强！

奋斗不能心无所向，需咬定青山奉献青春。青年面临选择，要以正确的世界观、人生观、价值观来指导自己，进行合理抉择。抗击疫情过程中，青年的身影总是出现在每一个最需要的地方：在火神山、雷神山医院建设现场，他们日夜奋战；在医院救治一线，他们救死扶伤，与病毒战斗；在交通服务卡点，他们处理突发紧急事件；在工厂车间，他们抓紧时间复工复产……只有激情奋斗、顽强拼搏，只有做出

① 李婷：女，华中科技大学材料科学与工程学院辅导员。

奉献，才是充实、温暖、持久、无悔的青春！

奋斗不能止于空想，需脚踏实地积蓄力量。学业总有中断的一天，可学习不能够终止，要活到老学到老，时刻保持终身学习的能力。当今社会日新月异，“大数据”“互联网＋”“5G＋”等高新科技高歌猛进，如果不紧跟时代的脉搏，就会被时代所抛弃。博观而约取，厚积而薄发。未来，同学们从事的工作可能与所学的专业并不完全吻合，但日积月累学习的科学知识、经历的专业训练、养成的思维习惯，早已沉淀为大家身上固有的底色。

奋斗不能胆怯畏缩，需披荆斩棘携梦前行。人生之路，起伏波澜，有坦途也有陡坡，有平川也有险滩，也许在踏入社会的那一刻，会有犹豫、有困难、有失败。看似寻常最奇崛，成如容易却艰辛，奋斗的道路往往荆棘丛生、充满坎坷。人生中的每一个阶段，每一次出发都要朝自己的梦想靠近，迎难而上，才能乘风破浪。不忘初心，方得始终，希望同学们可以继续用梦想去规划人生，用不懈奋斗去圆自己的青春梦、圆学校的一流梦、圆民族的复兴梦。

任重道远须策马，风正潮平好扬帆。一代人有一代人的长征，一代人有一代人的担当，即将走向社会大熔炉的青年学子应该始终保持艰苦奋斗的前进姿态，坚持科技攻关、投身创新创业、参与脱贫攻坚，服务社会、服务各领域的发展，让绚丽的青春之花绽放在党和人民最需要的地方！

做逆境与希望之间的那道光

刘赵昊旻[①]

从风雨如晦到草长莺飞，从谈“疫”色变到处变不惊，从病例的爆发式增长到新增确诊降至2位数，2020年的春天格外漫长……在这段特殊时期，我想大家的心绪是复杂而敏感的。我们时而环顾四周，带着禁足家中的懑闷等待明天；我们时而心系远方，为奋不顾身的一线工作者担忧；我们还时常想起那个青春蓬勃、欢声笑语的喻园，如今却山川异域，唯有寄情指尖。这段岁月，或许没有锻炼出强健的体魄，但想必造就了强大的心脏。

随着全国乃至世界各地的鼎力相助，胜利的曙光终于和春风一道款款而至。复工复产有条不紊，线上授课反响热烈，大多数人的生活似乎也已经回到了另一种状态下的正轨。而在黎明到来前的一瞬，请让我们心平气和地回顾生活给予所有人的这一课：逆境给我们留下的，不应仅仅是回忆；我们从中汲取的，也绝不应只有劫后余生的庆幸。

一、慎思，而后知敬畏

在此期间，我时常给武汉的朋友们发去微信，收到他们安好的反馈，甚或是让人忍俊不禁的调侃，心神也更加安宁。武汉是一座英雄的城市，从不缺乏大战当前举重若轻的气质。在这场抗疫斗争中，除了“战有召、召必来、来必胜”的英勇与达观，我们更应该看到达观心性背后“知行止、存戒惧、守底线”的敬畏。

① 刘赵昊旻：女，华中科技大学化学与化工学院辅导员。

何谓敬畏？敬畏不是恐惧，不是瑟缩，而是一种对万象有着清晰认知后的尊重和自持的心理状态。当我们回溯历史长河，会发现这其中既有自然力量对人类带来的伤害，也有人类本身造成的恶劣后果。而人祸的源头之一，便是失去了敬畏。有人将利益、私欲置于首位，抛去了对自然、对人民、对人道的敬畏，由此衍生出种种恶果，令人不齿。所幸，有更多的人怀揣着敬畏与初心，成为世界的守护者。

正因对生命的敬畏，才有了各省（区、市）雷厉风行的“硬核”防疫，才有了医护工作者前赴后继与死神赛跑，才有了志愿者们“逆流而上”的坚毅身影与温暖笑容。正因对科学的敬畏，“敢医敢言”的钟南山院士才会如此受到人们的信赖与尊敬。我们喜爱这样的医者，不仅在于其医术高明，更在于其真诚坦荡。这一份实事求是，来源于敬畏之心，因“敬”而“诚”，令人信服。

“弱小和无知不是生存的障碍，傲慢才是。”当我们懂得了敬畏，或许就懂得了与永恒宇宙、与繁杂外界、与我们自己的相处之道。

二、迷惘，而后生信念

近日重读《鼠疫》，更能真切体会到“小城奥兰”居民的心境。“一种明确清晰的情绪，一种焦心的回忆之箭，一种荒诞不经的妄想，不是妄想年光倒流就是相反地妄想时间飞逝。”这是奥兰的心情，又何尝不是我们的心境？“焦心”不在于无所依靠，更在于茫然不知所措的焦虑、迷惘……形成了大环境下心灵的迷雾。

可当我们拨开迷雾，会看见病愈出院的协和东西湖医院医生袁海涛穿上防护服，重回一线；会看见同济医院27名医护奋战456个小时，使首例危重症患者重获新生；会看见在温暖的“一省包一市”政策指导下，无数爱心物资千里驰援；会看见武汉方舱医院病床上手捧书卷安静从容阅读的青年。他们何以不忧不惧、泰然处之？我们可以相信，这是源自心底的信念。这信念是对生命的信仰、对职责的坚守、对知识的真诚，是照亮心底阴霾的一束光芒，也是驱散前路迷雾的一阵清风。

将视线收回，我们的身边同样不缺乏引领的力量。老师们鞭辟入里的思政课，带领同学们深入思考生命的价值；丰富多彩的线上活动反响热烈，为“宅”家生活增添动力；更有不少同学主动报名，成为社区、村镇的志愿者，为患者送药，为社区值守，身体力行地为保卫家园做出了自己的贡献……

年轻的我们一路走来，会遇到程度不一的迷惘之境。遇见了它，是浑浑噩噩就此失去方向，还是静心追寻，找到信念的光亮？相信我们内心都已有了答案。

三、笃行，而后明担当

疫情之下，我们能做什么？这是宅在家中的我们都曾思考过的问题。于我而言，我也做了一些力所能及的工作，给无法上网课的同学寄去书本，撰写、编辑一些抗击疫情的宣传文稿，给疫区捐去一些钱款等。可是在这场洪流中，能做的还是太少太少。其实，我们作为被守护着的一方，保护好自己与家人，认真完成手头的任务，也是一种责任和担当。

冲在前线的逆行者，用身躯为我们隔挡病毒；坚守岗位的守护者，倾力保卫着所热爱的城市；各行各业的工作者，并没有因为疫情而停止发光发热。同学们，你们当下应做的便是静思笃行、珍惜时光。你们今天汲取的每一分知识都会在需要的时候迸发力量：课堂中的高分子掺杂在口罩、防护服里，融于建材、地基中，便成为性能更优越的抗疫“神器”；书本中的化学生物学在病毒检测、筛选药物、抗体研发中发挥着卓越的功效……抗击疫情的战斗不仅在前线，也在后方；不仅在当下，更在将来。我们无法独自拯救世界，但我们每个人都可以成为逆境和希望间隙中的那道光。

史铁生曾这么形容日出与日落：他熄灭着走下山去收尽苍凉残照之际，正是他在另一面燃烧着爬上山巅布散烈烈朝晖之时。日落的另一面便是日出，每天上演的辩证法也在告诉我们朴实而永恒的真理。逆境和希望间隙中的那道光也许微弱，但无数光芒汇聚在一起，就是一片光明！

笃行，而后明担当。在感到有心无力，不知道能够做什么的时候，不妨潜下心来，只管做好分内之事，手头之事。在不断积累的过程中，我们也许就能逐渐领悟自身独特的价值。请相信，终有一天我们会摆脱门禁、口罩的束缚，相聚喻家山，重拾好时光。

望君安好，期待再会！

新青年，新使命，新担当

郭宁[①]

五四的火炬，唤起了民族的觉醒；壮丽的事业，激励着我们继往开来。习近平总书记曾寄语新时代青年，新时代中国青年要继承和发扬五四精神。新时代是继往开来、在新的历史条件下继续夺取中国特色社会主义伟大胜利的时代，是我国日益走近世界舞台中央、不断为人类做出更大贡献的时代。新时代中国青年处于中华民族发展的最好时期和实现中国梦的最好年华，面临着难得的建功立业的人生机遇，肩负着实现中华民族伟大复兴中国梦的使命担当。新时代青年要深刻认识五四精神，探索新时代赋予青年的历史使命，培养面对困难敢于迎难而上、面对问题敢于挺身而出的担当精神。

一、坚毅的爱国主义精神

五四运动所体现的爱国主义精神，是中华民族团结奋斗、百折不挠、自强不息的生动体现。中国共产党成立以后，不断传承、赓续和升华五四精神的价值内涵，使爱国主义成为实现民族独立、国家富强的精神动能。在民族存亡的危急关头，中国共产党带领中国人民艰苦卓绝地进行了新民主主义革命。新中国成立后，爱国主义精神激励全国各族人民在百废待兴的基础上开始社会主义改造和建设。改革开放后，广大青年和全国人民一道，将爱国主义精神转化为积极投身于建设中国特色社会主义事业的实际行动。党的十八大以来，习近平总书记多次强调要大力弘扬爱国主义精神。习近平总书记曾明

① 郭宁，女，华中科技大学经济学院辅导员。

确指出，我国社会主义现代化的目标、中华民族伟大复兴的中国梦就要在今天的青年手中实现，今天的青年将成为名副其实的"强国一代"，这意味着当代青年的历史使命是崇高的。但我们能不能像"五四时期"的爱国青年一样在艰难困苦中带领中国人民实现中国梦，能不能像五四前辈一样把国家和人民的命运扛在肩上，走好历史交给我们的接力棒，这不仅是时代之问，也是人民之问。

二、积极追求真理和进步

在五四运动的影响下，部分知识分子开始用马克思主义的理论和方法来研究和解决中国的实际问题，并把五四精神投入到改造社会、建立政权的广阔革命实践之中。以毛泽东为例，在五四运动之前，有人说毛泽东的思想是一个混合体，对革命运动并没有比较清晰的概念。1918 年，毛泽东到北京大学图书馆工作，在这期间接触到马克思主义，并进行深入的研究和思考，最终把年少时报国为民的宏大志向与马克思主义结合起来，作为自己为之奋斗的目标，并矢志不渝。

进入新时代，习近平总书记指出：五四运动以全民族的行动激发追求真理、追求进步的伟大觉醒。新时代青年要不忘初心，不要人云亦云、随波逐流，要以史为鉴，认真学习马克思主义理论和方法，读原著、学原文、悟原理，坚定理想信念，自觉抵制历史虚无主义等错误思潮。

三、不畏险阻的奋斗精神

奋斗是中华民族的基因血脉，是中国共产党的优良传统，五四运动培育了这一传统，铸就了奋斗精神。中国共产党的历史，就是党为中国人民谋幸福、为中华民族谋复兴的不懈奋斗史，每一页都充满着艰辛、写满着奋斗，并积淀为井冈山精神、长征精神、延安精神、西柏坡精神、大庆精神、"两弹一星"精神、载人航天精神等党的精神谱系。

袁隆平成长于新中国的建设时期，曾亲见中国因没有粮食而受制于人，他一生致力于解决中国的粮食问题，2018 年创造了亩产1200 多公斤水稻的世界奇迹，实现了中国人牢牢把饭碗端在自己手上的伟大功绩，还实现了中国粮食反哺世界人类的伟大梦想。在年逾 90 之际，他仍笔耕不辍，还致力于实现中国盐碱地的水稻研发，计划用 8 年时间实现一亿亩的盐碱地种植。他说即使按照最低亩产300 公斤，也能为国家增加 300 亿公斤的粮食，能解决上亿人口的口粮。一个 90 岁的老人还在为梦想而奋斗，为祖国和人民的需要而努力，我们青年人还有什么理由去懈怠呢？

一代人有一代人的成长环境和历史际遇，一代人也有一代人的时代使命与社会责任。习近平总书记在纪念五四运动 100 周年大会上对青年寄语：树立远大理想，热爱伟大中国，担当时代责任，勇于砥砺奋斗，练就过硬本领，锻炼品德修为。新时代中国青年要传承五四精神，树立崇高理想，厚植爱国情怀，练就过硬本领，锤炼品德修为，培养奋斗精神，为实现中华民族伟大复兴的中国梦而努力奋斗！

后记

华中科技大学是我国首批“双一流”建设高校，被誉为新中国高等教育发展的缩影，走过了近70年的发展历程。回顾近70年的快速发展历程，华中科技大学始终坚持立德树人根本任务，注重守正创新，落实“五育并举”，完善育人工作体系，推动思想政治工作朝着高质量、高标准、高水平方向发展，不断续写学生工作“奋进之笔”新篇章。

近两年，学校成功申报入选教育部高校思想政治工作队伍培训研修中心，“新时代党旗领航工程”“坚持以德立班，探索荣誉班级建设模式”入选教育部高校思想政治工作精品项目，这是学校新时代思想政治教育工作取得的重要成果。

华中科技大学通过“师说师语”育人平台，以学生喜闻乐见的方式开展思想政治教育，辅导员们通过文字表达自己的育人故事、工作体会和学习感悟。总结凝练学校的思政工作经验、推动思政工作的创新发展、促进思政育人的长效发展，我们组织学校一批优秀的思想政治工作的理论和实践工作人员，共同编写了《师说师语·育人

育心　辅导员育人心语助力青年成长》一书。

在本书的编写过程中得到了学校相关部门、相关院系的大力支持，尤其是各院系辅导员们的积极参与，在此一并表示感谢。书中如有疏漏不妥之处，恳请广大读者批评指正。

作　者

2021年1月